3ª EDIÇÃO 2021

CAIO **BARTINE**

350 DICAS DE DIREITO TRIBUTÁRIO

- **DICAS** DIVIDIDAS POR TEMAS
- **SÚMULAS** VINCULANTES EM MATÉRIA TRIBUTÁRIA

2021 © Editora FOCO

Autor: Caio Bartine
Diretor Acadêmico: Leonardo Pereira
Editor: Roberta Densa
Assistente Editorial: Paula Morishita
Revisora Sênior: Georgia Renata Dias
Capa: Leonardo Hermano
Projeto Gráfico e Diagramação: Ladislau Lima
Impressão miolo e capa: Gráfica FORMA CERTA

Dados Internacionais de Catalogação na Publicação (CIP)
Vagner Rodolfo CRB-8/9410

B288t

Bartini, Caio

350 dicas de Direito Tributário / Caio Bartini. - 3. ed. - Indaiatuba, SP : Editora Foco, 2021.

88 p. ; 12cm x 17cm.

ISBN 978-85-8242-058-2

1. Direito. 2. Direito tributário. 3. Dicas. I. Título.

2020-799   CDD 341.39   CDU 34:336.2

Elaborado por Vagner Rodolfo da Silva - CRB-8/9410
Índices para Catálogo Sistemático:
1. Direito tributário 341.39   2. Direito tributário 34:336.2

DIREITOS AUTORAIS: É proibida a reprodução parcial ou total desta publicação, por qualquer forma ou meio, sem a prévia autorização da Editora Foco, com exceção da legislação que, por se tratar de texto oficial, não são protegidas como Direitos Autorais, na forma do Artigo 8º, IV, da Lei 9.610/1998. Referida vedação se estende às características gráficas da obra e sua editoração. A punição para a violação dos Direitos Autorais é crime previsto no Artigo 184 do Código Penal e as sanções civis às violações dos Direitos Autorais estão previstas nos Artigos 101 a 110 da Lei 9.610/1998.

Atualizações e erratas: a presente obra é vendida como está, sem garantia de atualização futura. Porém, atualizações voluntárias e erratas são disponibilizadas no site www.editorafoco.com.br, na seção *Atualizações*. Esforçamo-nos ao máximo para entregar ao leitor uma obra com a melhor qualidade possível e sem erros técnicos ou de conteúdo. No entanto, nem sempre isso ocorre, seja por motivo de alteração de *software*, interpretação ou falhas de diagramação e revisão. Sendo assim, disponibilizamos em nosso site a seção mencionada (*Atualizações*), na qual relataremos, com a devida correção, os erros encontrados na obra. Solicitamos, outrossim, que o leitor faça a gentileza de colaborar com a perfeição da obra, comunicando eventual erro encontrado por meio de mensagem para contato@editorafoco.com.br.

Impresso no Brasil (11.2020) – Data de Fechamento (11.2020)

2021

Todos os direitos reservados à
Editora Foco Jurídico Ltda.

Rua Nove de Julho, 1779 – Vila Areal
CEP 13333-070 – Indaiatuba – SP

E-mail: contato@editorafoco.com.br
www.editorafoco.com.br

APRESENTAÇÃO

A presente obra não tem o condão de esgotar temas importantes do Direito Tributário, mas de nortear estudantes, examinandos da OAB e concursandos em geral sobre as principais dicas dessa disciplina.

Para tanto, as dicas foram divididas em tópicos, partindo do Direito Constitucional Tributário até as súmulas vinculantes em matéria tributária, sendo cuidadosamente preparadas para o melhor aproveitamento do leitor.

Agradeço a Deus em primeiro lugar, aos meus familiares e, por fim, aos meus alunos. Bons estudos!

CAIO BARTINE

SUMÁRIO

I – FONTES DO DIREITO TRIBUTÁRIO 1

II – COMPETÊNCIA TRIBUTÁRIA E CAPACIDADE TRIBUTÁRIA ATIVA 4

III – LIMITAÇÕES CONSTITUCIONAIS AO PODER DE TRIBUTAR 8

IV – TRIBUTO E ESPÉCIES TRIBUTÁRIAS...22

V – LEGISLAÇÃO TRIBUTÁRIA, VIGÊNCIA, APLICAÇÃO, INTEGRAÇÃO E INTERPRETAÇÃO DA NORMA TRIBUTÁRIA 32

VI – OBRIGAÇÃO TRIBUTÁRIA E SUJEITOS DA OBRIGAÇÃO TRIBUTÁRIA 34

VII – SOLIDARIEDADE TRIBUTÁRIA 36

VIII – CAPACIDADE TRIBUTÁRIA PASSIVA 38

IX – DOMICÍLIO TRIBUTÁRIO...39

X – DENÚNCIA ESPONTÂNEA..50

XI – CRÉDITO TRIBUTÁRIO: LANÇAMENTO E MODALIDADES.............................50

XII – ALTERAÇÃO E REVISÃO DO LANÇAMENTO 53

XIII – SUSPENSÃO DA EXIGIBILIDADE DO CRÉDITO TRIBUTÁRIO 54

XIV – EXTINÇÃO DO CRÉDITO TRIBUTÁRIO 57

XV – EXCLUSÃO DO CRÉDITO TRIBUTÁRIO...65

XVI – GARANTIAS E PRIVILÉGIOS DO CRÉDITO TRIBUTÁRIO 67

XVII – ADMINISTRAÇÃO TRIBUTÁRIA...71

XVIII – DÍVIDA ATIVA E CERTIDÕES 72

XIX – EXECUÇÃO FISCAL..74

XX – SÚMULAS VINCULANTES EM MATÉRIA TRIBUTÁRIA 77

350 DICAS DE DIREITO TRIBUTÁRIO

I – FONTES DO DIREITO TRIBUTÁRIO

1. A **Constituição Federal** não institui tributos, mas estabelece um rol de tributos que podem ser instituídos pelos entes políticos. Cabe a Constituição Federal o papel de **definir a competência tributária, limitar o poder de tributar** e **dispor sobre a repartição de receitas tributárias,** entre os artigos 145 a 162.

2. A **emenda constitucional** pode ser utilizada para **reforçar as limitações ao poder de tributar,** uma vez que o STF decidiu que tais limitações são direitos fundamentais do contribuinte (STF, ADI 939). Poderá, também, **inserir novos tributos na CF,** desde que haja observância dos limites ali previstos, tal como ocorreu com a Contribuição para o Custeio do Serviço de Iluminação Pública (COSIP), inserida pela EC 39/2002.

3. A **lei complementar** terá o seu **uso obrigatório** quando houver **expressa previsão constitucional.** Nos termos do art. 146 da CF, poderá **dispor sobre conflitos de competência em matéria tributária, regular as limitações constitucionais ao poder de tributar** e **tratar sobre normas gerais em matéria de legislação tributária.** Segundo o STF, **não existe hierarquia entre lei complementar e lei ordinária** (STF, ADI 4071 AgRg), restando apenas **diferença formal (processo legislativo) e material** (conteúdo).

4. Existem **tributos** que somente poderão ser **instituídos mediante lei complementar,** como é o caso do **Imposto sobre Grandes Fortunas** (art. 153, VII, da CF), **Empréstimos Compulsórios**

(art. 148 da CF), **Impostos Residuais** (art. 154, I, da CF) e **Contribuições Sociais Residuais** (art. 195, § 4º da CF). Lembro que as **contribuições sociais residuais poderão adotar o mesmo fato gerador e base de cálculo de impostos**, sendo vedado, tão somente, a utilização do fato gerador e base de cálculo de contribuições sociais existentes. É o que acontece com o Imposto de Renda da Pessoa Jurídica (IRPJ) e a Contribuição Social sobre o Lucro (CSLL), ambas dotadas do mesmo fato gerador: o lucro.

5. Determinados **benefícios fiscais** somente poderão ser **instituídos mediante lei complementar**, como o **tratamento favorecido e simplificado de microempresas e empresas de pequeno porte** (art. 146, III, *d*, da CF), **incentivos fiscais acerca do ISS** (art. 156, § 3º, III, da CF), bem como as **isenções de ICMS** (art. 155, §2º, XII, *g*, da CF e regulamentação pela LC 24/75, com alterações da LC 160/17).

6. A função de **lei ordinária** em matéria tributária é servir como **regra geral**. O seu papel está definido nos termos do art. 97 do CTN, tendo como principais funções a instituição, aumento, redução e extinção de tributos, a concessão de incentivos, subsídios e benefícios fiscais e a aplicação e redução de penalidades.

7. A **medida provisória** poderá ser utilizada em matéria tributária para **instituir ou aumentar impostos**, dentro dos limites constitucionalmente previstos (art. 62, § 2º, da CF), sendo **vedada a edição de medida provisória** sobre matéria reservada a **lei complementar** (art. 62, § 1º, III, da CF). Assim, atualmente, o **único imposto** que poderá ser **instituído** por medida provisória é o **Imposto Extraordinário de Guerra** – IEG (art. 154, II, da CF).

8. De acordo com o **entendimento do STF**, a **medida provisória** poderá ser utilizada para **instituição ou majoração de outros**

tributos, observados os limites constitucionalmente previstos, bem como a **possibilidade de concessão de determinados benefícios fiscais,** desde que **independam de lei complementar** e sejam **convertidas em lei** no mesmo exercício financeiro em que foram editadas.

9. O **Decreto do Poder Executivo** é um **ato administrativo normativo,** de competência da Chefia do Poder Executivo, advindo do Poder Regulamentar ou Normativo (art. 84, IV, da CF), podendo ser utilizado em matéria tributária apenas **quando houver expressa autorização constitucional,** como nos casos de **alteração das alíquotas do Imposto sobre Importação** (II), **Exportação** (IE), **Produtos Industrializados** (IPI) e **Operações Financeiras** (IOF), bem como para **reduzir ou restabelecer as alíquotas da CIDE-Combustíveis.** Entretanto, a CF faz alusão à possibilidade de edição de **atos normativos,** não fazendo qualquer referência ao decreto executivo. No entanto, este ato passa a ser o comumente adotado por ser de competência do chefe do Poder Executivo. Ressalto que não se pode utilizar em matéria tributária os denominados **decretos autônomos,** sendo cabível, tão somente, o uso de **decretos regulamentares** ou de **execução.**

10. A **Resolução do Senado Federal** tem o papel de **evitar a guerra fiscal,** ao estabelecer os **limites das alíquotas dos impostos estaduais.** Assim, cabe a Resolução do Senado Federal estabelecer o **limite máximo** das alíquotas do Imposto sobre **Transmissão *Causa Mortis* e Doações** (ITCMD), estabelecer o **limite mínimo** das alíquotas do **Imposto sobre a Propriedade de Veículos Automotores** (IPVA) e estabelecer os **limites máximo e mínimo** das alíquotas do **Imposto sobre Circulação de Mercadorias e Serviços** (ICMS) sobre **operações interestaduais e de exportação.** Em se tratando das **alíquotas internas do ICMS,** o uso de Resolução do Senado Federal é **facultativo.** em se tratando de ICMS, a resolução do Senado será de **iniciativa do Presidente da República** ou de **um terço dos Senadores**, send aprovada pela **maioria absoluta dos membros**, em se tratando das **operações interestaduais ou de exportação**; em se tratando de **operações internas**, as **alíquotas mínimas** serão fixadas pela Resolução do Senado Federal de **iniciativa de um terço dos senadores** e aprovada pela **maioria absoluta**; nas **alíquotas máximas**, a resolução será editada por **iniciativa da maioria absoluta dos senadores** e aprovada por **dois terços**.

11. Os **tratados e convenções internacionais em matéria tributária**, depois de devidamente ratificados pelo Poder Legislativo, gozam de **força de lei ordinária**. Terão a finalidade de **evitar a bitributação sobre a renda entre os países signatários** e **conceder incentivos fiscais relativos a importação e a exportação**, não se confundindo com a **vedação de concessão de isenções heterônomas**, nos termos do artigo 151, III, da Constituição Federal. Assim, a República Federativa do Brasil poderá conceder estender isenções de ICMS, por exemplo, para produtos importados de países signatários de acordos internacionais, sem que isso afronte tal dispositivo, como já afirmado pelo STF, na edição da súmula 575.

II – COMPETÊNCIA TRIBUTÁRIA E CAPACIDADE TRIBUTÁRIA ATIVA

12. A **competência tributária** é aquela conferida pela CF para que entes políticos possam **instituir, modificar** ou **extinguir tributos**. Os tributos que podem ser instituídos, modificados ou extintos pelos entes federativos são aqueles definidos pelo STF na **classificação pentapartida** (STF, RE 138.284/CE), sendo impostos, taxas, contribuição de melhoria, empréstimos compulsórios e contribuições especiais.

13. Toda competência tributária é **indelegável, intransferível, irrenunciável** e **incaducável** (imprescritível). Não se pode, contudo, confundir a **renúncia de competência tributária** – que não é admitida em qualquer hipótese – com **renúncia de receita tributária**, sendo essa totalmente possível.

14. A **renúncia de receita tributária** pode ser **impositiva** (quando houver expressa determinação constitucional), como ocorre nos casos de **repartição de receitas tributárias** e **imunidades tributárias** ou **facultativa** (quando houver discricionariedade estatal), como nos casos da **faculdade de instituição de tributos** e na **concessão de incentivos fiscais**.

15. Importante ressaltar o posicionamento adotado pela **Lei de Responsabilidade Fiscal** (LC 101/2000), em seu art. 11, que determina **o dever do ente público tributar**, uma vez que deve observar as **questões orçamentárias e fiscais**.

16. **Competência tributária privativa** é aquela conferida aos entes políticos para a **instituição dos impostos ordinários**. Entende-se por impostos ordinários os **impostos federais** (art. 153 da CF), **impostos estaduais** (art. 155 da CF) e **impostos municipais** (art. 156 da CF).

17. **Competência tributária comum** é aquela em que **todos os entes federativos** poderão instituir os **mesmos tributos**. Todos os entes federativos poderão instituir **taxas** (art. 145, II, da CF) e **contribuição de melhoria** (art. 145, III, da CF).

18. **Competência tributária residual** é a deferida **apenas a União** para instituição dos **impostos e contribuições sociais residuais** (ou seja, aqueles impostos e contribuições sociais não previstos na CF), desde que a instituição ocorra mediante **lei complementar**, tais tributos sejam **não cumulativos** e tenham **fato gerador e base de cálculo diferente dos impostos já previstos na CF** – para os casos dos impostos residuais – e **diferente das contribuições sociais existentes** – no caso de contribuições sociais residuais (art. 195, §4º c/c art. 154, I, da CF).

19. Competência tributária extraordinária é aquela conferida **apenas a União** para instituição dos **Empréstimos Compulsórios** (art. 148 da CF) e do **Imposto Extraordinário de Guerra** (art. 154, II, da CF).

20. Competência tributária exclusiva é aquela que, **em regra, pertence à União**. Assim, a União tem competência constitucional para a instituição das **contribuições especiais**. Entretanto, temos **contribuições especiais que não são de competência federal**, como ocorre com a **Contribuição para Custeio do Serviço de Iluminação Pública** (COSIP), cuja competência pertence ao **DF e aos Municípios**, conforme art. 149-A da CF e da **Contribuição para Custeio do Regime Previdenciário dos Servidores Estaduais, Distritais e Municipais** (art. 149, § 1º, da CF), de competência dos **Estados, DF e Municípios**.

21. Competência tributária cumulativa é aquela que pertence ao **DF**, que poderá, **cumulativamente**, instituir tanto os **impostos estaduais** (art. 155, *caput*, da CF) quanto os **impostos municipais** (art. 147, *in fine* da CF)

22. A **competência tributária pertencente aos Territórios Federais** está prevista no art. 147 da CF. Por mais que, atualmente, não tenhamos nenhum território federal, isto não significa que o Brasil não possa vir a adotá-los futuramente. No caso da existência de um território federal, **caberá a União** a instituição de **impostos estaduais,** bem como a possibilidade de instituição de **impostos municipais,** caso o território federal **não seja dividido em Municípios.**

23. Não se pode confundir **competência tributária** (instituição, modificação e extinção de tributos) com **capacidade tributária ativa,** que envolve o exercício da administração tributária, no que tange a **arrecadação** e **fiscalização tributária.**

24. Enquanto a **competência tributária** só pode ser exercida por **entes federativos,** a **capacidade tributária ativa** pode ser exercida por **toda pessoa jurídica de direito público.** Nos termos do art. 41 do Código Civil, são pessoas jurídicas de direito público interno a **União, Estados, DF e Municípios,** bem como suas respectivas **autarquias e fundações públicas.** Assim, **todo aquele que exerce competência é dotado de capacidade,** mas **nem todo aquele que é dotado de capacidade pode exercer competência tributária.**

25. A **capacidade tributária ativa** pode ser **delegada** (os entes federativos podem delegar capacidade tributárias às autarquias e fundações públicas), **transferível** (os entes federativos podem transferir capacidade tributária entre si, mediante previsão constitucional, como no caso dos Municípios arrecadarem e fiscalizarem o ITR, permanecendo com a totalidade do imposto arrecadado) e goza de **precariedade** (pode ser revogada, a qualquer tempo, por ato unilateral).

COMPETÊNCIA TRIBUTÁRIA	CAPACIDADE TRIBUTÁRIA ATIVA
Indelegável	Delegável
Intransferível	Transferível
Irrenunciável	Precária
Incaducável/Imprescritível	

III – LIMITAÇÕES CONSTITUCIONAIS AO PODER DE TRIBUTAR

26. As **limitações constitucionais ao poder de tributar** foram indicadas pelo STF como sendo **direitos fundamentais do contribuinte** (STF, ADI 939), evitando abusos a serem praticados pela Administração Pública. Tais limitações podem ser **implícitas**, fruto de uma **hermenêutica constitucional** ou **explícitas**, quando houver uma **expressa previsão constitucional**.

27. Dentre as **limitações implícitas** temos a **vedação a invasão de competência tributária** e a **vedação a bitributação e ao** *bis in idem*. Entretanto, temos uma **possibilidade de invasão de competência tributária** quando da competência exercida nos **territórios federais**, uma vez que a **União poderá instituir impostos estaduais e municipais**, caso o território federal não seja dividido em Municípios.

28. Doutro modo, a instituição do **Imposto Extraordinário de Guerra** (IEG) também pode ser considerada uma **exceção a vedação a invasão de competência**, uma vez que este imposto – de competência federal – poderá adotar o **mesmo fato gerador e base de cálculo de impostos já previstos na CF**, autorizando a União invadir a competência de impostos estaduais e municipais na criação desse imposto.

29. Temos uma **bitributação** quando **dois entes federativos instituem tributos sobre um mesmo fato gerador**; e temos o *bis in idem* quando **um ente federativo instituir dois tributos sobre um mesmo fato gerador**. Tais situações são **vedadas implicitamente na CF**, mas, de forma excepcional, **podem admitir exceções**.

Temos uma **hipótese de bitributação** autorizada constitucionalmente quando da **instituição do Imposto Extraordinário de**

Guerra (IEG), já que a União poderá adotar o mesmo fato gerador e a mesma base de cálculo de um imposto estadual e municipal. O *bis in idem* também pode ser admitido na **mesma hipótese** (instituição do IEG) ou ainda quando da **possibilidade de as contribuições sociais adotarem o mesmo fato gerador e base de cálculo que os impostos**, como ocorre no caso do IRPJ e CSLL.

31. As **limitações explícitas ao poder de tributar** estão tratadas a partir do art. 150 da CF, dividindo-se nos **princípios constitucionais tributários** e nas **imunidades tributárias**.

32. Pelo **princípio da legalidade**, todo **tributo** somente poderá ser **instituído, aumentado, reduzido** ou **extinto** mediante **lei**; as **concessões de incentivos, subsídios** e **benefícios fiscais** somente poderão ser concedidas por **lei específica**, assim como a **aplicação e redução de penalidades**. Basta a existência de **lei ordinária** para tais finalidades, salvo nas hipóteses em que a CF exigir lei complementar.

33. A **medida provisória**, apesar de ser um ato administrativo normativo em sua origem, **não pode ser considerada exceção ao princípio da legalidade**, uma vez que, para mantença de sua eficácia deverá obrigatoriamente ser convertida em lei. Pode ser utilizada para **instituir** e **aumentar impostos**, desde que **não trate** de matéria que seja **reservada a lei complementar**(art. 62, §1º, III, da CF).

34. São **exceções ao princípio da legalidade** a possibilidade de uso de **atos do Poder Executivo** – tendo como ato normativo maisc comum a edição de **decreto executivo** – para **alterar as alíquotas do imposto sobre a importação** (II), **exportação** (IE), **produtos industrializados** (IPI) e **operações financeiras** (IOF), bem como na possibilidade de **reduzir e restabelecer as alíquotas da CIDE--Combustíveis**.

35. O STF também considera **exceção ao princípio da legalidade** a possibilidade de **definição de alíquota monofásica de ICMS sobre combustíveis**, mediante edição de um **convênio**, à luz do art. 155, § 4º, IV, c/c 155, § 2º, XII, *h*, da CF. Lembro que as exceções referem-se, tão somente, às **alíquotas**, **não se estendendo para a base de cálculo de tributo**, uma vez que a **base de cálculo** somente poderá ser **definida, modificada** ou **reduzida** por meio de **lei** (art. 97, §1º do CTN).

36. O **princípio da isonomia** determina que contribuintes que se encontram em situação de equivalência não podem ser tratados de forma desigual. Assim, com base num princípio aristotélico, devemos **tratar iguais como iguais** e **desiguais como desiguais**, na medida de suas igualdades e de suas desigualdades, estendendo-se não apenas aos tributos, mas a concessão de incentivos fiscais.

37. A **capacidade contributiva** releva que, sempre que possível, os **impostos terão caráter pessoal** e serão **graduados segundo a capacidade econômica do contribuinte**. A ideia do princípio é fazer com que o contribuinte que ganhe mais seja mais tributado do que aquele que receba menos. Visando a implementação desse princípio, fora instituída a **progressividade**.

38. A **progressividade** é um instrumento de **implementação da capacidade contributiva**, permitindo que haja um **aumento da alíquota mediante um aumento da base de cálculo (progressividade fiscal)** ou um **aumento de alíquota visando desestimular determinados comportamentos do contribuinte (progressividade extrafiscal)**.

39. Todo **imposto pessoal** (aquele que tributa a condição econômica do sujeito) **deve ser progressivo** (p. ex. IR); entretanto, o

imposto real (aquele que tributa o patrimônio, operações, direitos, sem levar em consideração a capacidade econômica do sujeito) somente poderá ser **progressivo se houver previsão constitucional e caráter extrafiscal**, ou seja, em regra, **somente se admitirá a progressividade extrafiscal para os impostos reais**, desde que a CF autorize. É o que acontece com o **ITR** (art. 153, § 4º, I, da CF) e **IPTU** (art. 182, § 4º, II, da CF).

40. O **princípio da irretroatividade** determina que a lei não pode ser aplicada a fatos ocorridos anteriormente a sua vigência. Assim, não se pode cobrar tributos em relação aos fatos geradores ocorridos antes do início da vigência que os houve instituído ou aumentado. Pela regra geral, a **lei a ser aplicada** é aquela vigente na **época da ocorrência do fato gerador**.

41. O **lançamento** sempre se reporta a **lei vigente a época do fato gerador,** salvo nos casos de a lei posterior **modificar os critérios de apuração e arrecadação tributária, aumentar os poderes de fiscalização** ou **conferir maiores garantias e privilégios ao crédito tributário**. Neste caso, o lançamento vai observar a legislação posterior a ocorrência do fato gerador (art. 144, §1º do CTN)

42. Existe a possibilidade de a lei tributária ser aplicada a fatos ocorridos anteriormente a sua vigência, o que damos o nome de **retroatividade benéfica**. A lei tributária somente poderá retroagir nas **hipóteses admitidas por lei** e se for **mais benéfica ao contribuinte,** como ocorre nos casos da **lei expressamente interpretativa** ou nos casos de um **ato infracional não transitado em julgado,** desde que a **lei posterior deixe de definir aquele ato como sendo infração ou comine uma penalidade menos severa ao contribuinte** (art. 106 do CTN).

43. O **princípio da anterioridade** veio em substituição ao princípio da anualidade tributária visando aumentar a segurança jurídica na tributação, evitando que o contribuinte fosse surpreendido com a criação ou aumento de tributo que fosse exigido imediatamente. Para tanto, fora instituída a **anterioridade própria** (**anual ou de exercício**), em que todo o tributo instituído ou aumentado somente **poderá ser exigido no exercício financeiro seguinte da publicação da lei** (art. 150, III, *b*, da CF).

44. Visando **reforçar essa anterioridade**, o legislador introduziu a **anterioridade nonagesimal** (**mínima, noventena ou especial**), em que todo o tributo instituído ou aumentado **somente poderá ser exigido após decorridos 90 dias da publicação da lei**. Uma vez que o tributo, em regra, deve respeitar o princípio da anterioridade (comum e nonagesimal, visto que o princípio da anterioridade é único) temos que, **entre os exercícios financeiros deve se observar um lapso temporal mínimo de 90 dias contados da publicação da lei que institui ou aumenta o tributo**.

45. Dentre a possibilidade de **exceções ao princípios da anterioridade**, destaca-se o seguinte: **tributos que podem ser exigidos imediatamente** quando de seu aumento ou instituição são: **Imposto sobre a Importação** (II), **Exportação** (IE), **Operações Financeiras** (IOF), **Extraordinário de Guerra** (IEG) e o **empréstimo compulsório emergencial** (art. 148, I, da CF). Tais tributos não se sujeitam a nenhuma espécie de anterioridade.

46. Podem ser **cobrados apenas decorridos 90 dias da publicação da lei: Imposto sobre Produtos Industrializados** (IPI), **Circulação de Mercadorias e Serviços incidente sobre combustíveis** (ICMS-Combustíveis), **CIDE-Combustíveis** e as **contribuições sociais**. Tais tributos apenas se sujeitam a anterioridade nonagesimal, sem se sujeitam a anterioridade comum.

47. Podem ser **cobrados apenas no exercício financeiro seguinte: Imposto sobre a Renda e Proventos de qualquer natureza** (IR), **fixação da base de cálculo** do **Imposto sobre Propriedade de Veículos Automotores** (IPVA) e **Predial e Territorial Urbano** (IPTU). Tais tributos se sujeitam a anterioridade comum, sem qualquer sujeição a anterioridade nonagesimal.

48. O princípio da anterioridade **somente se aplica às obrigações tributárias principais, não se aplicando às obrigações tributárias acessórias**. É o que denota o entendimento do STF, na edição da **Súmula Vinculante 50**: norma legal que **altera o prazo de recolhimento de obrigação tributária** não se sujeita ao princípio da anterioridade.

49. O **princípio da vedação ao confisco** determina que nenhum tributo pode ser exigido com caráter confiscatório. Entende-se por **confisco** a **expropriação do patrimônio particular, por um caráter eminentemente sancionatório e sem qualquer possibilidade de indenização**. Temos um claro exemplo de confisco no art. 243 da CF.

50. Não se pode, contudo, **confundir confisco com seletividade**. A **seletividade** é uma regra de tributação que **permite alíquotas diferenciadas com base na essencialidade de um produto ou bem para o consumo ou uso**. Assim, **quanto mais essencial um bem for para o consumo, menor será sua alíquota ou vice-versa**.

51. De acordo com a CF, o **IPI deve ser seletivo** (art. 153, §3º, I, da CF); entretanto, o **ICMS** (art. 155, §2º, III, da CF), o **IPVA** (art. 155, §6º, II, da CF) e o **IPTU** (art. 156, §1º, II, da CF) **podem ser seletivos**.

52. É possível **estender o princípio da vedação ao confisco às multas**. Isso não significa que as multas não serão aplicadas, mas que sua aplicação levará em consideração **critérios de razoabilidade e proporcionalidade**. De acordo com o entendimento do STF, **multas iguais ou superiores a 100% do montante do débito têm natureza confiscatória**.

53. O **princípio da limitação ao tráfego de pessoas interestaduais e intermunicipais** impede que os entes federativos cobrem tributos pelo mero deslocamento do contribuinte, com o seu próprio patrimônio, entre Estados e Município no território nacional. A **única possibilidade** que pode ensejar alguma espécie de **restrição** a esse direito é a possibilidade de **cobrança de pedágio** para conservação e utilização de vias públicas.

54. De acordo com o entendimento do STF, no julgamento da ADI 800, o **pedágio** tem natureza jurídica **tarifária** (trata-se, portanto, de uma tarifa ou preço público), **afastando a aplicação de regramento tributário** a esta cobrança.

55. O **princípio da uniformidade geográfica na tributação** impede que a União institua tributos que não sejam uniformes em todo o território nacional. A finalidade é a **mantença da isonomia** e **impessoalidade** entre os entes federativos, impedindo tratamento desigual entre si. Entretanto, **é possível com que a União conceda incentivos fiscais destinados a promover o equilíbrio do desenvolvimento socioeconômico entre as diferentes regiões do país**, tal como ocorre com a denominada **Zona Franca de Manaus**.

56. É **vedado a União tributar a renda das obrigações da dívida pública dos Estados, DF e Municípios**, bem como a **remuneração**

dos agentes públicos em níveis superiores aos que fixar para suas obrigações.

57. Pelo **princípio da vedação de concessão de isenções heterônomas,** a União não pode conceder isenções de tributos estaduais e municipais. Por uma questão de simetria, **tal princípio se aplica aos demais entes federativos,** uma vez que somente é possível conceder isenções de tributos da própria competência (isenções autonômicas) e não da competência tributária de terceiros (isenções heterônomas). Tal principio não se aplica nos casos de **tratados internacionais,** uma vez que o estabelecimento de tratados poderá conferir tratamento tributário diferenciado entre países signatários, tal como ocorre com as cláusulas do GATT (Acordo Geral de Tarifas Aduaneiras).

58. O **princípio da não diferenciação** (não discriminação) veda o tratamento diferenciado entre Estados e Municípios em se tratando da **origem** e do **destino** de bens e serviços. Assim, não pode um Estado conferir um tratamento diferente porque veio de uma localidade ou vai para outra localidade, sob pena de afronta direta aos preceitos de isonomia. Entretanto, esses entes **podem contratar convênios,** que são acordos firmados entre os Secretários de Fazenda visando concessão de benefícios econômicos mútuos, desde que autorizados pela CF e pela lei. Por esta razão, o STF julgou inconstitucional uma lei estadual que conferiu alíquotas diferenciadas entre veículos nacionais e importados.

59. As **imunidades tributárias** são **vedações constitucionais que impedem a incidência tributária,** impedindo o aperfeiçoamento do fato gerador. Tal expressão foi criada pela doutrina e não se encontra no texto constitucional, onde encontramos quatro expressões correlatas: **vedação, não incidência, isenção** e **gratuidade.**

Sempre que essas expressões se referirem a tributos na CF, entendemos se tratar de uma imunidade.

60. Temos **imunidades genéricas** e **específicas**. As **imunidades genéricas** estão previstas no art. 150, VI, da CF, tendo por finalidade o **cumprimento dos fundamentos e objetivos da República Federativa do Brasil**, bem como **garantir o cumprimento dos direitos fundamentais**. As imunidades genéricas **somente alcançam uma espécie tributária** (**impostos**), sendo que as demais espécies tributárias poderão ser normalmente exigidas. Temos cinco imunidades genéricas: **recíproca**, **religiosa**, **subjetiva** ou condicional, **objetiva cultural** e objetiva **fonográfica**.

61. A **imunidade tributária recíproca** (art. 150, VI, *a*, da CF) impede que os entes federativos instituam **impostos entre si**. Assim, a União não poderá exigir IR dos rendimentos obtidos pelos Estados; Estados não poderão exigir IPVA de veículos que pertençam aos Municípios, e assim, reciprocamente. Tal imunidade fora instituída visando a preservação do pacto federativo.

62. A imunidade recíproca **poderá ser extensiva às autarquias e fundações públicas**, desde que **atendam suas atividades essenciais** (art. 150, § 2º da CF). Conforme entendimento do STF (STF, RE 407.099/RS), **empresas públicas** e **sociedades de economia mista prestadoras de serviços públicos essenciais ao funcionamento do Estado** ou **sob regime de monopólio** na prestação dos serviços **gozarão de imunidade recíproca**. É o que acontece, p. ex., com os Correios, Infraero, Casa da Moeda do Brasil, dentre outros.

63. Se a empresa pública ou sociedade de economia mista **explorar atividade econômica**, aplicar-se-á o disposto no art. 150, § 3º c/c 173, § 2º, da CF, não gozando essas entidades de nenhum benefício que não seja extensivo ao setor privado. Portanto, **não gozarão de imunidade tributária recíproca**. É o que acontece com a Caixa Econômica Federal (CEF), Banco do Brasil, Petrobras, dentre outras entidades.

64. A **imunidade religiosa** (art. 150, VI, *b*, da CF) impede que os entes federativos instituam impostos sobre os **templos de qualquer culto**. Por um critério finalístico (teleológico), tal imunidade alcança a **mantença da laicidade do Estado**, o fato de o Brasil ser um estado laico, leigo, não confessional. Assim, o que goza da imunidade tributária não é o templo, mas todo o **exercício da atividade religiosa**, visto que a preservação atinge a liberdade de culto e a difusão de crença religiosa.

65. A imunidade religiosa **poderá alcançar os imóveis locados pertencentes a entidade religiosa**, desde que o produto arrecadado dos aluguéis seja completamente revertido ao atendimento da atividade religiosa. Aplicar-se-á a **inteligência da Súmula Vinculante 52**, no caso concreto.

66. Essa mesma imunidade religiosa se estende aos **estacionamentos e cemitérios de cunho religioso**, segundo o entendimento esposado do STF, **não se estendendo à maçonaria**, sendo esta considerada uma ideologia de vida e filosofia, sem possibilidade do benefício fiscal constitucional (STF, RE 562.351/RS). As **religiões de matriz africana, mesmo aquelas em que há sacrifícios de animais**, têm a constitucionalidade assegurada pelo STF (STF, RE 494.601).

67. Segundo entendimento doutrinário, seitas como o **satanismo não podem gozar do benefício imunizatório** ante a existência do disposto no **preâmbulo constitucional** que, apesar de não gozar de força normativa, traz a orientação e os fundamentos pelos quais o diploma constitucional fora insculpido. Lembro que tal informação **não observa qualquer fundamento jurisprudencial**, mas de cunho doutrinário.

68. A **imunidade subjetiva ou condicional** (art. 150, VI, *c*, da CF) impede com que os entes federativos instituam impostos sobre o patrimônio, renda ou serviços pertencentes aos **partidos políticos** e suas fundações, das **entidades sindicais dos trabalhadores**, das **instituições de educação** e **assistência social sem finalidade lucrativa**, desde que **atendam exigências estabelecidas em lei**.

69. Por um **critério sistemático**, a lei que deve trazer os requisitos da imunidade será **complementar**, uma vez que a **imunidade** é uma **limitação constitucional** ao poder de tributar (art. 146, II, da CF).

70. Os **requisitos** que devem ser preenchidos pelas entidades descritas no art. 150, VI, *c*, da CF estão inseridos no **art. 14 do CTN: não distribuir qualquer parcela de suas receitas, aplicar toda receita recebida no país** e **manter uma regular escrituração fiscal**. Uma vez que tais exigências foram preenchidas, tais entidades gozarão do **benefício imunizatório de impostos**.

71. A imunidade tributária conferida a **instituições de assistência social sem fins lucrativos** pelo art. 150, VI, *c*, da CF somente alcança as **entidades fechadas de previdência social privada se não houver contribuição dos beneficiários**, nos termos da Súmula 730 do STF.

72. **Ainda quando alugado a terceiros**, permanece **imune ao IPTU o imóvel pertencente a qualquer das entidades referidas no art. 150, VI, *c*, da CF**, desde que o **valor dos aluguéis seja aplicado**

350 DICAS DE DIREITO TRIBUTÁRIO 19

nas atividades essenciais de tais entidades, em consonância com a Súmula Vinculante 52.

73. A **imunidade objetiva cultural** (art. 150, VI, *d*, da CF) impede que os entes federativos instituam impostos sobre **livros, jornais, periódicos** e o **papel** destinado à impressão. Tal imunidade é considerada objetiva pois **recai sobre o objeto** e não sobre a pessoa. Assim, a imunidade recai sobre o livro, não sobre a livraria; recai sobre o jornal e o periódico, não sobre a editora ou a banca. Tal imunidade fora instituída com a finalidade de preservar o livre acesso à liberdade de informação.

74. Segundo o entendimento do STF, tal imunidade **pode ser estendida à lista telefônica,** aos **álbuns de figurinhas** e a toda e qualquer forma de **mídia digital,** inclusive o suporte físico desse material. De acordo com o entendimento do STF, estende-se a imunidade ao *e-reader* e ao *e-book*, mesmo que exista suporte físico. Contudo, a imunidade não se estende aos aparelhos multifuncionais (STR, RE 595.676).

75. A EC 75/2013 instituiu a **imunidade objetiva fonográfica ou musical,** nos termos do art. 150, VI, *e*, da CF. Esta imunidade veda a instituição de impostos sobre **fonogramas** e **videofonogramas musicais produzidos no Brasil** contendo obras musicais ou literomusicais de **autores brasileiros** e/ou obras em geral **interpretadas por artistas brasileiros,** bem como os suportes materiais ou arquivos digitais que os contenham.

76. Tal **imunidade não abarca,** contudo, a **etapa de replicaçã** **industrial de mídias ópticas de leitura a laser.** Isso significa quando da **replicação desse material** e sua **efetiva comerc** **ção, não há o que se falar em imunidade.** Assim, pode-s que a imunidade fonográfica tão somente alcança a **produção**, não se estendendo, contudo, a **comercialização** do material.

77. O art. 184, § 5º, da CF traz a **imunidade de impostos federais, estaduais e municipais** sobre a **transferência de imóveis desapropriados para fins de reforma agrária**. Assim, toda transferência que a União fizer de imóveis para os assentados (pessoas devidamente inscritas no INCRA), não haverá incidência de impostos.

78. O art. 195, § 7º, da CF traz a **imunidade de contribuições para a seguridade social das entidades beneficentes de assistência social** que atendam às exigências estabelecidas em lei. Tais exigências encontram-se previstas no art. 14 do CTN: não distribuir qualquer parcela de suas receitas, aplicar toda a receita recebida no país e manter uma regular escrituração fiscal. Conforme súmula 612 do STJ, o **certificado de entidade beneficente de assistência social** (CEBAS), no prazo de validade, possui **natureza declaratória** para fins tributários. Assim, a entidade beneficente está imune ao recolhimento de COFINS, PIS e Contribuição Previdenciária Patronal.

79. O art. 153, § 3º, III, da CF traz uma imunidade específica de IPI, uma vez que **não incide** este imposto sobre **produtos industrializados destinados ao exterior**.

80. **Não incide ITR** sobre **pequenas glebas rurais**, assim definidas em lei, quando o **proprietário as explore** e **não possua outro imóvel**. Trata-se de uma **imunidade específica do ITR**, nos termos do **art. 153, § 4º, II, da CF**. Entende-se por **pequenas glebas rurais** utilização de um **critério métrico-topográfico**, em que o legislador coaduna a **localização do imóvel** com a sua **metragem**, nos termos do art. 2º da Lei 9.393/96.

350 DICAS DE DIREITO TRIBUTÁRIO

81. Não incide ICMS sobre **operações que destinem mercadorias para o exterior, nem sobre serviços prestados a destinatários no exterior**, mantendo-se o **aproveitamento do crédito acumulado na exportação** (art. 155, § 2º, X, *a*, da CF).

82. Não incide ICMS sobre operações que destinem a outros Estados petróleo, inclusive lubrificantes, combustíveis líquidos e gasosos dele derivados e energia elétrica. Tal benefício fiscal **não foi concedido ao consumidor, mas do Estado de destino dos produtos em causa**, ao qual caberá, em sua totalidade, o ICMS sobre eles incidente, **desde a remessa até o consumo** (art. 155, § 2º, X, *b*, da CF).

83. Não incide ICMS **sobre o ouro**, nas hipóteses em que se tratar de **ativo financeiro** ou **instrumento de política cambial** (art. 155, § 2º, X, *c*, da CF). Caso o ouro seja considerado **mercadoria**, haverá a incidência do respectivo imposto.

84. Não incide ICMS nas prestações de **serviços de comunicação** nas modalidades de radiodifusão sonora e de sons e imagens de **recepção livre e gratuita**. Trata-se de imunidade que abrange as **programações abertas de comunicação** (art. 155, § 2º, X, *d*, da CF). Não se estende às atividades meramente preparatórias de comunicação, como os **provedores de acesso a internet** (sum 334 do STJ) e **habilitação de telefonia móvel celular** (sum 350 do STJ).

85. Não incide ITBI sobre a transmissão de bens ou direitos incorporados ao patrimônio de pessoa jurídica em **realização de capital**, nem sobre a transmissão de bens ou direitos decorrentes de **fusão, incorporação, cisão** ou **extinção de pessoa jurídica, salvo se**, nesses casos, a **atividade preponderante do adquirente** for a **compra e venda desses bens ou direitos, locação de bens imóveis**

ou **arrendamento mercantil**. Trata-se de **imunidade específica do ITBI**, nos termos do art. 156, § 2º, I, da CF.

86. Considera-se como **atividade preponderante para fins de imunidade do ITBI** quando **mais de 50% da receita operacional da pessoa jurídica adquirente**, nos **dois anos anteriores e subsequentes à aquisição**, decorrer das atividades de compra e venda de bens imóveis, locação de bens ou direitos ou arrendamento mercantil.

87. Temos a **imunidade específica sobre taxas** quando do **exercício do direito de petição e de certidão** (art. 5º, XXXIV, da CF), nos casos de **emissão de registro civil de nascimento e certidão de óbito** (art. 5º, LXXVI, da CF) – uma vez que custas e emolumentos gozam de natureza jurídica de taxa – e nos casos de **impetração de *habeas corpus*, *habeas data* e de ações que versam sobre o direito de cidadania**, visto que as custas processuais têm natureza jurídica de taxa (art. 5º, LXXVII, da CF).

IV – TRIBUTO E ESPÉCIES TRIBUTÁRIAS

88. A **definição de tributo** deverá ser realizada mediante **lei complementar em âmbito nacional**, conforme prevê o art. 146, III, *a*, da CF. Para tanto, temos a definição de tributo pelo **conceito financeiro** (art. 9º da Lei 4.320/1964) e o **conceito econômico** (art. 3º do CTN).

89. Pelo **conceito econômico**, tributo é toda prestação pecuniária compulsória, em moeda ou cujo valor nela se possa exprimir, que não constitua sanção por ato ilícito, instituído por lei e cobrado mediante atividade administrativa plenamente vinculada.

350 DICAS DE DIREITO TRIBUTÁRIO 23

90. Pelo **conceito financeiro**, tributo é a receita derivada instituída pelas entidades de direito público, compreendendo os impostos, as taxas e as contribuições nos termos da constituição e das leis vigentes em matéria financeira, destinando-se o seu produto ao custeio de atividades gerais ou específicas exercidas por estas entidades.

91. Em sendo prestação pecuniária, o tributo somente **poderá ser pago em dinheiro** ou **outra forma autorizada por lei**. Isto se corrobora com a expressão **em moeda ou cujo valor nela se possa exprimir**. Assim, **não se admite o pagamento de tributo** *in natura* ou *in labore*, **apenas** *in pecúnia*. Outra forma admitida por lei para pagamento de tributo ocorre mediante a **dação em pagamento de bens imóveis** (regulada pela Lei 13.259/2016 e portaria PGFN 32/2018)

92. **Não se veda a fixação do tributo através de indexadores.** Assim, a fixação do montante do tributo em UFIR (Unidade Fiscal de Referência), ORTN (Obrigações Reais do Tesouro Nacional) ou qualquer outro indexador é plenamente válido.

93. Segundo a **classificação pentapartida adotada pelo STF**, as espécies tributárias são divididas em **cinco categorias** distintas: **imposto, taxa, contribuição de melhoria, empréstimos compulsórios** e **contribuições especiais**.

94. O **imposto** é um tributo previsto no art. 145, I, da CF e cujo fato gerador **independe de qualquer atividade estatal relativamente ao contribuinte**. Isto significa que, o pagarmos o imposto, a Administração Pública **não possui nenhum dever contraprestacional imediato** na devolução de bens primários ao cidadão essa razão, o imposto é denominado de **tributo não vincula** contraprestacional).

95. Além de ser um tributo não vinculado, sua **arrecadação também é não vinculada**, aplicando-se o **princípio da não afetação**, à luz do art. 167, IV, da CF: é vedada a vinculação da receita de impostos a qualquer espécie de fundo, órgão ou despesa. Tal situação, contudo, é relativizada pela ConstituiçÃo Federal, quando da utilização de parcela da receita de impostos para a **repartição de receitas tributárias** (arts. 157. 162 da CF), para a **aplicação de recursos mínimos à saúde** (art. 198, §2º da CF) e à **educação** (art. 212 da CF), para o **custeio da Administração Tributária** (art. 37, XXII, da CF) e para a **prestação de garantias às operações de crédito por antecipação de receita** (art. 165, §8º da CF).

96. Dentre a **classificação doutrinária**, temos os seguintes impostos: **impostos ordinários** (são os **impostos federais**, tratados no art. 153 da CF, os **impostos estaduais**, tratados no art. 155 da CF e os **impostos municipais**, tratados no art. 156 da CF) e **impostos extraordinários** (são os impostos de competência da União, podendo ser os **residuais** e o **imposto extraordinário de guerra** – IEG).

97. **Impostos pessoais**: são aqueles que tributam a **condição econômica do sujeito**, podendo ser tanto uma pessoa física ou jurídica. Temos como exemplo, o IR e o IGF. Já os **impostos reais** são aqueles que **tributam o patrimônio**, a **operações**, os **direitos**, sem levar em consideração a condição econômica do sujeito. Todos os impostos são considerados como reais, salvo o IR e o IGF.

98. **Impostos diretos** são aqueles que a lei determina que a pessoa que realizar o fato gerador terá o dever de assumir os encargos tributários. Assim, o denominado **contribuinte de direito** (aquele que realiza o fato gerador) e o **contribuinte de fato** (aquele que assume respectivo encargo tributário) são a **mesma pessoa**. Temos, como exemplo, o ITR, IPVA e IPTU. Já os **impostos indiretos** são aqueles que admitem repercussão econômica, ou seja, admitem transferência do encargo tributário para terceira pessoa, sendo que o denominado **contribuinte de direito** e de **fato** não se confundem. São exemplos o IPI, ICMS e ISS.

99. A **taxa** é um **tributo vinculado** gerando para a Administração Pública uma **contraprestação estatal específica.** Temos **duas espécies de taxa:** de **polícia** (que decorre do exercício regular do poder de polícia) e de **serviço** (decorrente da prestação de serviços públicos específicos e divisíveis e de utilização efetiva ou potencial). Entende-se por **serviço público específico** o serviço denominado *uti singuli,* em que os usuários do serviço público são **determinados** ou **determináveis.** Já o **serviço público divisível** é aquele que pode ser **destacado de forma autônoma** e, com isso, pode ser mensurado, individualizado.

100. As taxas **não poderão adotar base de cálculo própria dos impostos.** Entretanto, passa a ser **constitucional a adoção,** no cálculo do valor da taxa, **de um ou mais elementos da base de cálculo própria de determinado imposto**, desde que não haja integral identidade entre uma base e outra, em consonância com a **Súmula Vinculante 29.**

101. O **serviço de iluminação pública** não pode ser custeado mediante taxa, uma vez que se trata de **serviço geral** e **indivisível** (Súmula Vinculante 41). Entretanto, tal serviço poderá ser custeado mediante **contribuição especial,** como ocorre no caso da Contribuição para o Custeio do Serviço de Iluminação Pública (COSIP), julgada constitucional pelo STF, quando do julgamento do RE 573.675.

102. A **contribuição de melhoria** é um tributo cuja materialidade do fato gerador congrega dois fatores: a **existência de uma obra pública** com a consequente **valorização imobiliária efetiva**. Trata-se de um tributo de **competência comum**, em que todos os entes federativos gozam da competência constitucional para sua instituição.

103. O **valor a ser exigido** da contribuição de melhoria **não pode ser superior ao custo total da obra (limite global)**, respeitando a **valorização específica de cada imóvel (limite individual de valorização)**.

104. A **base de cálculo** adotada para a contribuição de melhoria é a **diferença positiva do valor venal do imóvel antes e após a realização da obra pública**.

105. A **natureza jurídica específica do tributo** é determinada pelo **fato gerador** da respectiva obrigação, sendo **irrelevantes** para qualificá-la a **denominação** e demais características formais adotadas pela lei, bem como a **destinação legal do produto da arrecadação**. No entanto, tal assertiva **somente se aplica ao imposto, taxa** e **contribuição de melhoria, não se aplicando** aos **empréstimos compulsórios** e **contribuições especiais,** uma vez que se tratam de **tributos finalísticos** (instituídos para atendimento de uma finalidade constitucional específica).

106. O **empréstimo compulsório** é um tributo cuja competência é **exclusiva da União** que somente poderá ser criado **mediante lei complementar** e tem como principal característica sua **restituibilidade**. De acordo com a CF, temos **duas categorias** de empréstimo compulsório: **emergencial** (quando decorrente de calamidade pública, guerra externa ou iminência) e de **investimento** (decorrente de investimento público de caráter urgente e relevante interesse nacional).

107. O **empréstimo compulsório emergencial não observa o princípio da anterioridade**, sendo exigido imediatamente após a publicação da lei. Já o **empréstimo compulsório de investimento se sujeita**, em sua completude, ao **princípio da anterioridade**.

108. A **lei complementar** que institui o empréstimo compulsório **determinará a forma**, o **prazo** e as **condições para sua restituição**. No entanto, o STF determinou que **a restituição somente poderá ser em dinheiro**, não se admitindo outra forma de restituição, nos termos do RE 121.336. Ademais, a **arrecadação** do empréstimo compulsório **é vinculada**, somente podendo ser utilizado o valor nas despesas que fundamentaram sua instituição (art. 148, parágrafo único da CF).

109. As **contribuições especiais** são tributos previstos nos artigos 149, 195, 212, 239 e 240 da CF. Tal expressão fora utilizada pelo STF para indicar o **gênero de contribuições**. Dentre as denominadas contribuições especiais, temos a **contribuição de intervenção no domínio econômico**, as **contribuições de interesse das categorias profissionais e econômicas**, as **contribuições sociais** e a **contribuição para custeio do serviço de iluminação pública**.

110. A **contribuição de intervenção no domínio econômico** (CIDE) é um tributo de **natureza regulatória**, cuja finalidade é fazer com que a União, através dessa tributação, **intervenha no setor econômico estratégico** com a finalidade de **regular, fiscalizar, incentivar** e **planejar**, nos termos do art. 174 da CF.

111. Existem inúmeras contribuições interventivas, dentre as quais destacamos: **AFRMM** (Adicional de Frete para Renovação da Marinha Mercante – Lei 10.893/2004), **CIDE-Royalties** (Lei 10.168/2000), **CIDE-Combustíveis** (Lei 10.336/2001), **Contribuição do INCRA** (Decreto 1.110/1970 e Súmula 516 do STJ) e **Contribuição destinada ao SEBRAE** (Lei 8.029/1990, de acordo com o julgamento do RE 396.266).

112. A CIDE-Combustíveis goza de **exceção ao princípio da legalidade**, uma vez que suas **alíquotas podem ser reduzidas e restabelecidas por atos do Poder Executivo**. De igual modo, passa a ser uma **exceção parcial ao princípio da anterioridade**, podendo ser exigida após decorridos 90 dias da publicação da lei (sujeição a anterioridade nonagesimal).

113. As **contribuições de interesse das categorias profissionais e econômicas** se subdividem em: **contribuição destinada aos conselhos profissionais**. Essas contribuições (**anuidades**) são destinadas as **entidades de classe de profissão regulamentada**. Temos como principais exemplos: CRC, CREA, CRM, CRO etc. As **anuidades da OAB**, segundo o entendimento do STF, são desprovidas de natureza tributária, por não se enquadrar a OAB como simples entidade de classe, devendo gozar de autonomia administrativa e financeira para a neutralidade de suas decisões (STF, ADI 3026). Portanto, as anuidades da OAB gozam de **natureza financeira**.

114. As **contribuições de categorias econômicas** são as **contribuições destinadas ao sistema "S"**. São contribuições destinadas aos **serviços sociais autônomos**, nos termos do art. 240 da CF. São entidades pertencentes ao **terceiro setor**, praticantes de **atividade privada com interesse público**. São exemplos as contribuições destinadas ao SESI, SESC, SENAI, SENAC, SENAR, dentre outras, salvo as contribuições destinadas ao SEBRAE, por serem dotadas de natureza interventiva. Mesmo as **prestadoras de serviço** se sujeitam às contribuições do SESC e SENAC, salvo qundo enquadradas em outro serviço, nos termos da sum 499 do STJ.

115. As **contribuições sociais** podem ser subdivididas da seguinte forma: **contribuições sociais gerais** – sendo aquelas **destinadas ao atendimento de direitos sociais fora do campo específico da seguridade social** – e as **contribuições sociais específicas** – aquelas destinadas ao **atendimento da seguridade social,** nos termos do art. 194 da CF.

116. Dentre as **contribuições sociais gerais,** temos a **contribuição do salário-educação,** estabelecida no art. 212, § 5º, da CF. Tal contribuição teve origem com a CF/1934 e era um tributo *in natura*, ou seja, não era exigido inicialmente em dinheiro. Os empresários eram obrigados a manter o ensino primário para os seus funcionários e dependentes. Tal contribuição fora recepcionada pela CF/1988, nos termos da Súmula 732 do STF.

117. A **contribuição destinada ao SAT** (seguro de acidente do trabalho), atualmente com a nomenclatura de RAT (riscos ambientais do trabalho), também é uma contribuição social geral, prevista no art. 7º, XXVIII, da CF, sendo exigida dos empresários de acordo com a atividade preponderante que pode gerar maior ou menor risco de acidente de trabalho. O que pode ensejar a redução ou aumento das alíquotas é o **FAP** (Fator Acidentário Previdenciário).

118. As **contribuições sociais específicas** são destinadas ao **atendimento da seguridade social.** Assim, nos termos do art. 194 da CF, esses tributos se destinam ao atendimento da **saúde** (art. 196 da CF), **previdência social** (art. 201 da CF) e **assistência social** (art. 203 da CF).

119. As contribuições sociais específicas **poderão incidir sobre a pessoa jurídica, pessoa física, receita do concurso de prognósticos** ou **importador de bens e serviços do exterior**.

120. A pessoa jurídica terá a incidência de contribuição social específica sobre a **folha de salários e demais rendimentos pagos ao trabalhador**, sendo criada a **contribuição previdenciária patronal**, nos termos do art. 22 da Lei 8.212/1991. Tal contribuição poderá adotar a **possibilidade de desoneração sobre a folha**, nos termos da Lei 12.546/2011, em atendimento ao disposto no art. 195, §13 da CF.

121. A pessoa jurídica terá a incidência de contribuição social específica sobre **receita e faturamento**. Para tanto, nos termos do art. 239 da CF, temos o **PIS** (regulamentado pela LC 7/1970), a **COFINS** (regulamentado pela LC 70/1991) e, para as **pessoas jurídicas de direito público**, o **PASEP** (regulamentado pela LC 8/1970). Tais contribuições **poderão ser aplicadas não cumulativamente**, observando-se os limites da lei. Assim, em regra, as contribuições sociais do PIS e COFINS são aplicadas de **forma cumulativa**, tendo a **não cumulatividade** apenas **quando autorizadas por lei**, como acontece nos casos do PIS não cumulativo (Lei 10.637/02) e COFINS não cumulativo (Lei 10.833/03).

122. A pessoa jurídica terá a incidência de **contribuição social específica sobre o lucro**, sendo criada a **Contribuição Social sobre o Lucro Líquido – CSLL**, com base na Lei 7.689/1988. Conforme alteração pela Lei 11.727/2008, as alíquotas serão de 20% no período compreendido de 1º de setembro e 31 de dezembro de 2018 e 15% a partir de 1º de janeiro de 2019 no caso de pessoas jurídicas de seguros privados, capitalizações dentre outras, sendo 9% para as demais pessoas jurídicas.

350 DICAS DE DIREITO TRIBUTÁRIO 31

123. Haverá incidência de **contribuição previdenciária sobre o trabalhador** e demais segurados da previdência social, desde que **não incida sobre aposentadoria e pensão concedidas pelo regime geral de previdência social.**

124. Incidirá **contribuição previdenciária específica** sobre a **receita do concurso de prognósticos,** sendo considerados todos e quaisquer concursos de sorteios de números, loterias, apostas, inclusive realizadas em reuniões hípicas, no âmbito de toda a Administração Pública, nos termos do art. 26 da Lei 8.212/1991.

125. A **contribuição social específica sobre o importador de bens e serviços do exterior** tem sua regulamentação pela Lei 10.865/2004, incidentes sobre a **entrada de bens estrangeiros no território nacional,** o **pagamento, crédito, entrega, emprego** ou **remessa de valores a residentes ou domiciliados no exterior** como **contraprestação por serviço prestado.**

126. A **contribuição para custeio do serviço de iluminação pública** (COSIP) é uma contribuição especial de **competência dos Municípios e DF,** tendo a **faculdade** de sua exigência na **fatura mensal de energia elétrica.** Tal tributo fora julgado constitucional no RE 573.675.

127. Temos ainda uma **contribuição para o custeio do regime previdenciário de servidores públicos estaduais, distritais** e **municipais,** prevista no art. 149, § 1º, da CF e sendo instituída com a finalidade de **custear o regime próprio de previdência, não podendo adotar alíquotas inferiores às praticadas pela União.**

V – LEGISLAÇÃO TRIBUTÁRIA, VIGÊNCIA, APLICAÇÃO, INTEGRAÇÃO E INTERPRETAÇÃO DA NORMA TRIBUTÁRIA

128. A expressão **legislação tributária** compreende as **leis**, os **tratados e convenções internacionais**, os **decretos** e as **normas complementares** que versem no todo ou em parte sobre os tributos e relações jurídicas pertinentes (art. 96 do CTN).

129. As denominadas **normas complementares** compreendem os **atos administrativos normativos**, as **decisões de órgãos singulares e coletivos de jurisdição administrativa cuja lei determine eficácia normativa**, as **práticas reiteradamente observadas pelas autoridades administrativas** e os **convênios** que entre si celebram a União, Estados, DF e Municípios (art. 100 do CTN).

130. A **vigência da norma tributária** (art. 101 do CTN) indica a aptidão para a produção de seus regulares efeitos jurídicos. Pode se dar tanto no **tempo** quanto no **espaço**. A **vigência no tempo** não admite a aplicação da LINDB, tendo em vista a observância ou não do princípio da anterioridade. Já a **vigência no espaço** acaba por **admitir a aplicação da extraterritorialidade normativa**.

131. A **vigência das normas complementares** (art. 103 do CTN) observará a seguinte regra: **atos administrativos normativos** entrarão em vigor na **data de sua publicação**; as **decisões de órgãos singulares ou coletivos de jurisdição administrativa** entrarão em vigor **30 dias após a sua publicação** e os **convênios** entrarão em vigor na **data neles prevista**.

132. A **aplicação da norma tributária** (art. 105 do CTN) leva em consideração a aplicação do **princípio da irretroatividade tributá-**

ria, sendo que a lei tributária vigente não será aplicada a fatos geradores ocorridos anteriormente a sua vigência. Ademais, pela **regra geral**, a lei a ser aplicada é aquela **vigente na época da ocorrência do fato gerador**.

133. Admite-se, entretanto, a aplicação da lei tributária a fatos geradores ocorridos anteriormente a sua vigência, no que se denomina como **retroatividade benéfica ou benigna**, ou seja, a lei tributária poderá retroagir a fatos anteriores a sua vigência desde que haja expressa previsão legal e seja mais benéfica ao contribuinte, nos termos do art. 106 do CTN.

134. A **integração na norma tributária** deverá observar a **ausência de dispositivo legal** e de consequente interpretação, visto que um fato concreto está desprovido de existência normativa e interpretativa. Ante a impossibilidade de sua aplicação, o art. 108 do CTN indica uma **ordem a ser observada na integração normativa**: a **analogia**, os **princípios gerais de direito tributário**, os **princípios gerais de direito público** e a **equidade**.

135. A **analogia não pode resultar na exigência de tributo não previsto em lei**, o que significa que **não se pode tributar por analogia** (art. 108, §1º do CTN). A **equidade não pode resultar na dispensa do pagamento de um tributo devido** (art. 108, §2º do CTN).

136. A **interpretação da norma tributária** não pode deixar de levar em consideração o conteúdo, o alcance de institutos, conceitos e formas de **direito privado**, utilizados expressa ou implicitamente pela Constituição Federal, pela Constituição do Estados, das Leis Orgânicas do DF e Municípios, com a **finalidade de definir ou limitar a competência tributária**.

137. **Interpreta-se literalmente** norma tributária que disponha sobre **suspensão e exclusão do crédito tributário, outorga de isenção** e **dispensa no cumprimento de obrigações tributárias acessórias**. Vez que a interpretação é literal, seus **efeitos** sempre serão **restritivos**.

138. A lei tributária que **define infrações** ou **comine penalidades ao contribuinte** sempre deverá ser interpretada de **maneira mais favorável ao acusado**, quanto à capitulação legal do fato, à natureza e circunstâncias materiais do fato, autoria, dentre outros. É o que se denomina de **interpretação benéfica da norma tributária**.

VI – OBRIGAÇÃO TRIBUTÁRIA E SUJEITOS DA OBRIGAÇÃO TRIBUTÁRIA

139. **Obrigação tributária** é a relação jurídica estabelecida entre o Estado e o particular visando **levar recursos aos cofres públicos** e atender **obrigações de cunho administrativo** relativos à arrecadação e fiscalização de tributos. Poderá ser tanto **principal** quanto **acessória**.

140. A **obrigação tributária principal** é aquela que **decorre de pagamento,** do dever fundamental de levar recursos aos cofres públicos. Toda obrigação principal **surge com a ocorrência do fato gerador** e decorre de **expressa previsão legal** (trata-se de obrigação *ex lege*). Englobam a obrigação principal o **pagamento de tributo ou penalidade pecuniária** (multa).

141. A **obrigação tributária acessória** trata do cumprimento de **deveres instrumentais administrativos vinculados à arrecadação e fiscalização de tributos**. Tal obrigação **independe de lei**, vez que decorre da legislação tributária. Temos, como exemplo, a emissão de nota fiscal, a escrituração de livros, a prestação de informações etc.

142. As **obrigações principal** e **acessória** são **autônomas**, independentes, sendo que a dispensa do cumprimento de uma das obrigações não afeta o cumprimento de outra. Se, por exemplo, uma empresa estiver **isenta** de ICMS (portanto, **dispensada da obrigação principal**), deverá continuar **emitindo nota fiscal**, **escriturar os seus livros**, dentre outros (ou seja, estará **cumprindo a obrigação acessória**).

143. A multa poderá ser aplicada ante ao descumprimento de uma obrigação principal ou acessória. Mesmo assim, a **multa** sempre será considerada uma **obrigação tributária principal**.

144. O **princípio da anterioridade se aplica às obrigações principais**, mas **não tem aplicabilidade para obrigações acessórias**. Tal entendimento já sedimentado pelo STF encontra respaldo na Súmula Vinculante 50 (norma legal que altera o **prazo de recolhimento de obrigação tributária** não se sujeita ao princípio da anterioridade).

145. **Sujeito ativo da obrigação tributária** é toda pessoa física ou jurídica que tem o dever de exigir o cumprimento da obrigação tributária. De acordo com o entendimento do STF, o sujeito ativo será a **pessoa dotada de capacidade tributária ativa**, ou seja, União, Estados, DF, Municípios, autarquias e fundações públicas.

146. **Sujeito passivo da obrigação tributária** é toda pessoa física ou jurídica que possui o dever legal de cumprir com a obrigação tributária. Aquele que **realiza o fato gerador** fazendo nascer a obrigação tributária denominamos de **contribuinte** (relação direta com o fato gerador). Entretanto, em muitas situações, aquele que realiza o fato gerador encontra-se impossibilitado de cumprir com a obrigação tributária ou ainda passa a ser mais interessante para o Fisco a exigência de encargos de terceiros para facilitação da fiscalização tributária; nesses termos, surge a figura do **responsável** (relação indireta com o fato gerador).

147. O **responsável** sempre será uma terceira pessoa física ou jurídica indicada por lei para assumir encargos tributários. Tal pessoa **não realiza o fato gerador**, mas possui um **nexo de causalidade** com a ocorrência desse fato. Assim, **nenhuma responsabilidade tributária se presume**, vez que toda sua existência dependerá de expressa previsão legislativa.

148. Pode-se afirmar que existe distinção entre **contribuinte de fato e responsável. Todo responsável assumirá um encargo tributário decorrente de lei** ao passo que o **contribuinte de fato pode ter sua decorrência de lei ou contrato**. Na verdade, **todo responsável sempre será um contribuinte de fato**, mas **nem todo contribuinte de fato será responsável**. Observe-se tal fato diante da súmula 614 do STJ: o **locatário** não possui legitimidade ativa para discutir a relação jurídico-tributária de IPTU e de taxas referentes ao imóvel alugado nem para repetir indébito desses tributos. Isso se dá pelo fato de que o **locatário é mero contribuinte de fato**, indicado por **contrato** para assumir um encargo. Tal **contrato não poderá ser oposto ao Fisco visando à mudança de responsabilidade tributária** pelo encargo (art. 123 do CTN).

VII – SOLIDARIEDADE TRIBUTÁRIA

149. **Solidariedade** é um instituto de direito privado no qual temos uma **pluralidade de sujeitos** vinculados a um **mesmo negócio**

jurídico. O direito privado costuma classificar como **solidariedade ativa** a existência de uma **pluralidade de credores** para o recebimento de uma mesma obrigação e de **solidariedade passiva** a existência de **pluralidade de devedores** vinculados ao cumprimento de uma mesma obrigação.

150. Em matéria tributária, somente podemos admitir ordinariamente a **solidariedade tributária passiva,** mediante a **existência de dois ou mais contribuintes vinculados ao cumprimento de uma mesma obrigação tributária** (art. 124 do CTN). Excepcionalmente admite-se **solidariedade tributária ativa**, que é um sinônimo de **bitributação**, quando se tem dois ou mais entes públicos exigindo tributos sobre um mesmo fato gerador.

151. Temos uma possibilidade de **solidariedade tributária ativa** quando da **instituição do imposto extraordinário de guerra**, nos termos do art. 154, II, da CF, visto que tal tributo, de competência federal, poderá adotar o mesmo fato gerador e base de cálculo dos impostos já previstos na CF.

152. A **solidariedade tributária passiva** se subdivide em **solidariedade de fato** (art. 124, I, do CTN), quando dois ou mais contribuintes possuem **interesse em comum na relação jurídica** que constitua o fato gerador e **solidariedade de direito** (art. 124, II, do CTN), quando decorrer de expressa previsão legal.

153. Importante ressaltar que a **solidariedade tributária**, seja de fato ou de direito, **não comporta benefício de ordem.**

154. São **efeitos da solidariedade: pagamento** efetuado por um, desonera aos demais solidários; a **isenção ou remissão**, quando outorgada de forma geral, desonera a todos, mas se for outorgada pessoalmente, somente desonerará àquele que recebeu a outorga, permanecendo os demais solidários quanto ao saldo remanescente; e a **interrupção da prescrição**, quando concedida, poderá tanto favorecer quanto prejudicar aos demais solidários (art. 125 do CTN).

VIII – CAPACIDADE TRIBUTÁRIA PASSIVA

155. A **capacidade tributária passiva** é a aptidão para que determinada pessoa física ou jurídica figure no polo passivo de obrigação tributária, ou seja, quem está apto por lei a pagar tributos (art. 126 do CTN).

156. A **capacidade tributária passiva independe da capacidade civil das pessoas naturais** (art. 126, I, do CTN). As pessoas naturais adquirem capacidade civil mediante o nascimento com vida. Assim, pode-se afirmar que a capacidade civil das pessoas naturais nasce com a personalidade civil.

157. A **capacidade tributária passiva independe das condições de regularidade no exercício das atividades civis, empresariais** ou **profissionais**, bem como da administração direta de seus bens ou negócios (art. 126, II, do CTN). Não importa se a atividade exercida é regular ou irregular, bastando a ocorrência do respectivo fato gerador.

158. A **capacidade tributária passiva independe de estar a pessoa jurídica regularmente constituída**, bastando que configure uma unidade econômica ou profissional (art. 126, III, do CTN).

159. A **sociedade em conta de participação** não é pessoa jurídica e nem mantém relações jurídicas com terceiros (art. 991 a 996 do CC). Nessas condições **não tem capacidade tributária passiva**, sendo a capacidade tributária passiva pertencente ao **sócio ostensivo**.

IX – DOMICÍLIO TRIBUTÁRIO

160. O **domicílio tributário** é o local **indicado pelo sujeito passivo** para responder os fins tributários e fiscais. A regra geral adotada na fixação do domicílio tributário é o **foro de eleição pelo contribuinte**, decidindo espontaneamente o lugar de sua preferência.

161. Nos termos do direito privado, o art. 70 do Código Civil determina que o **domicílio da pessoa natural** é o local onde estabelece sua **residência com ânimo definitivo**, dando a clara distinção entre domicílio e residência.

162. No caso de **ausência de indicação do foro de eleição**, o art. 127 do CTN estabelece uma regra a ser observada pelo Fisco para indicação de ofício do domicílio fiscal. Assim, na **ausência de indicação do domicílio tributário pela pessoa natural**, o Fisco considerará como domicílio tributário o **local de sua residência**; caso esta seja **desconhecida**, considerará como domicílio tributário o **centro habitual das atividades da pessoa natural**.

163. Em se tratando de **ausência de indicação do domicílio tributário pela pessoa jurídica de direito privado**, este será o **local da sede contratual ou estatutária**. Em havendo **mais de uma filial,**

o domicílio tributário será o **local de funcionamento de cada filial**, observando o princípio da autonomia dos estabelecimentos.

164. Na **ausência de indicação do domicílio tributário pela pessoa jurídica de direito público**, será considerado o **local de funcionamento de cada uma de suas repartições públicas**.

165. Se o Fisco comparecer no local da residência da pessoa natural e esta for incerta, comparece ao centro habitual de suas atividades e este também não existe, vai até a sede contratual ou estatutária da pessoa jurídica de direito privado ou no local de funcionamento de cada uma das repartições públicas da pessoa jurídica de direito público e nada encontra, aplicar-se-á o disposto no art. 127, § 1º, do CTN.

166. Assim, em se tratando de **tributos relativos a bens imóveis**, o domicílio tributário que será considerado é o **local da situação dos bens**, ou seja, o local **onde se situa cada imóvel**. No caso de **tributos relativos aos bens móveis e demais direitos**, será considerado como domicílio tributário o **local da ocorrência do fato gerador**.

167. O Fisco poderá **recusar o domicílio eleito pelo contribuinte** desde que o local indicado seja **inacessível** ou que seja de **difícil acesso,** visando dificultar a arrecadação. Considera-se **local inacessível aquele que não alcança o serviço postal**.

168. A **responsabilidade tributária** vem tratada entre os artigos 128 a 138 do CTN, sendo a indicação legal de uma terceira pessoa – não importa de pessoa física ou jurídica – para assumir encargos tributários. Tal pessoa não realiza o fato gerador, mas possui um nexo de causalidade com a ocorrência do respectivo fato.

169. No atual quadro de responsabilidade tributária, temos:

170. A **responsabilidade tributária por substituição** indica a existência de uma **terceira pessoa** (**substituto**) que assume legalmente os encargos tributários do **contribuinte** (**substituído**), assumindo o contribuinte uma responsabilidade apenas de caráter supletivo. Nessa responsabilidade, o **terceiro assume o lugar do contribuinte**, não porque este não consegue cumprir com a obrigação, mas porque a lei assim determina.

171. Temos duas formas de responsabilidade tributária por substituição: **progressiva** (para frente) e **regressiva** (para trás). A **responsabilidade tributária progressiva** vem indicada no art. 150, § 7º, da CF, sendo que a terceira pessoa assume os encargos do contribuinte **antes da ocorrência do fato gerador**. Aqui existirá uma **presunção de fato gerador** (fato gerador presumido) fazendo com que haja uma **antecipação do recolhimento do tributo**.

172. A **responsabilidade tributária regressiva**, estabelecida no art. 128 do CTN, indica a existência de uma terceira pessoa que assume os encargos tributários do contribuinte **após a ocorrência**

do fato gerador. Essa dilação no prazo de recolhimento do tributo existe com o fito de **facilitar o exercício da fiscalização tributária.**

173. A **responsabilidade tributária por sucessão** indica a existência de terceira pessoa indicada por lei e apta a assumir os encargos tributários do contribuinte. E, neste caso, o terceiro assume não apenas os encargos tributários advindo dos tributos, mas também **alcançam às multas,** sejam **moratórias** ou **punitivas.**

174. Os créditos tributários que são passíveis de sucessão são os **créditos definitivamente constituídos,** os créditos em **curso de constituição** e os créditos que serão **constituídos posteriormente.** Assim, pode-se afirmar que **basta que o fato gerador da respectiva obrigação tributária ocorra,** o crédito tributário já estará passível de sucessão.

175. A **responsabilidade tributária por sucessão imobiliária** decorre, em regra, das operações de **compra e venda de imóveis.** Nesta operação temos a figura do **alienante** (vendedor) e do **adquirente** (comprador). Nos termos do art. 130 do CTN, o **adquirente** se sub-rogará no pagamento de **todos os débitos tributários relativos ao imóvel,** vez que, em regra, as dívidas tributárias relativas ao imóvel são consideradas *propter rem.*

176. Existe uma forma de **elisão direta da responsabilidade do adquirente** quando constar no **título da propriedade,** a **prova de quitação dos tributos.** O título da propriedade é a **escritura pública** ou documento equivalente, sendo esta lavrada perante um Tabelião de Notas. Em regra, o tabelião não confere em escritura pública a plena quitação dos tributos, mas indica que, naquele ato, foram apresentadas as respectivas certidões, dentre elas, a certidão negativa de débitos (CND).

350 DICAS DE DIREITO TRIBUTÁRIO | **43**

177. A **certidão negativa de débitos** não serve, diretamente, como prova e quitação dos tributos. Isto porque a CND indica a **inexistência de débitos tributários lançados** ou **inscritos em dívida ativa**. Como o Fisco possui cinco anos para lançar os tributos, é possível que exista a CND e os fatos geradores já tenham ocorrido, estando ainda no prazo de lançamento dos tributos.

178. O STJ entendeu que a CND **não serve como prova de quitação dos tributos,** mas serve como **prova da boa-fé objetiva do adquirente, elidindo sua responsabilidade direta**. Assim, a CND servirá como forma de elisão de responsabilidade do adquirente, não pelo fato de ser prova de quitação dos tributos, mas prova da boa-fé objetiva do adquirente.

179. No caso de **arrematação do imóvel em hasta pública**, os débitos tributários estarão, em regra, sub-rogados no **preço pago na arrematação**. Sendo assim, o **arrematante não terá uma responsabilidade direta**, sendo a carta de arrematação e adjudicação com os mesmos efeitos de uma certidão negativa de débitos (CND).

180. A **responsabilidade por sucessão** *intuito personae* indica os terceiros que responderão pessoalmente pelas dívidas tributárias. Assim, o **adquirente e o remitente** serão pessoalmente responsáveis pelos tributos devidos pelos **bens adquiridos ou remidos**. Trata-se aqui de remição, quitação da obrigação e não de remissão, perdão da dívida.

181. O **sucessor a qualquer título e o cônjuge meeiro** responderão pessoalmente pelos débitos tributários do *de cujus* até o momento da partilha, limitado o valor da responsabilidade ao montante do quinhão, legado ou meação, ou seja, **até o limite recebido de herança**.

182. Conforme disposto no art. 131, III, do CTN, o **espólio** responderá pelos tributos devidos pelo *de cujus* **até a data da abertura da sucessão**. Tal redação não é das melhores pelo legislador, uma vez que se estamos falando *até a data da morte*, não há o que se falar em *de cujus*, nem tampouco espólio. O que o legislador quis afirmar é que a **responsabilidade tributária recairá sobre o patrimônio do contribuinte até a data de sua morte**.

183. A **responsabilidade tributária nas operações societárias** indicará quando a sociedade assumirá a responsabilidade tributária em decorrência dessas operações. **Operações societárias** são aquelas que modificam a estrutura original de uma sociedade. Temos quatro operações societárias, a saber: **fusão, transformação, incorporação** e **cisão**.

184. Assim sendo, o **produto final de formação das operações societárias** responderá pelos débitos tributários das **sociedades fusionadas, transformadas** ou **incorporadas**. Exemplificando, numa operação societária de fusão, duas ou mais sociedades se unem para formação de uma sociedade nova. Se uma sociedade A se une a uma sociedade B, ambas formarão a sociedade C. Se as sociedades A e B possuírem débitos fiscais, esses serão de responsabilidade de C.

185. Percebe-se, entretanto, que o art. 132 do CTN que trata da responsabilidade tributária por sucessão em operações societárias nada fala sobre a **cisão**. Trata-se de uma operação societária que surgiu com a lei das S.A (Lei 6.404/1976) e não houve sua inclusão. No caso de cisão, podemos ter tanto de forma **total** ou **parcial**. Na **cisão total**, a sociedade deixa de existir e os seus ativos serão utilizados para constituição de duas ou mais sociedades. Numa **cisão parcial**, a sociedade dividirá o seu patrimônio e com o patrimônio cindido constituirá uma ou mais sociedades.

186. Na **cisão total**, a responsabilidade das sociedades formadas dessa cisão será **solidária entre si** pelos débitos fiscais. Na **cisão parcial**, a sociedade formada com o patrimônio cindido terá uma **responsabilidade subsidiária pelos débitos fiscais.**

187. O **trepasse** é um contrato de alienação do estabelecimento empresarial em que o **adquirente continuará a exploração da mesma atividade econômica anteriormente exercida pelo alienante.** A **regularidade do trespasse** exige o **levantamento de todos os débitos vencidos e vincendos pelo alienante**, bem como a **publicação da transferência do estabelecimento,** conferindo a devida publicidade ao ato.

188. Os débitos tributários do estabelecimento empresarial serão de **responsabilidade tributária do adquirente**, que poderá responder de **forma integral** ou **subsidiária** por eles. Sendo assim, **inexiste responsabilidade solidária por débitos tributários decorrentes de trespasse**; ou o adquirente responderá pela **totalidade** ou responderá **subsidiariamente** com o alienante.

189. O adquirente terá uma **responsabilidade integral** pelos débitos tributários decorrentes de trespasse quando o alienante **vender o seu único estabelecimento empresarial** e **não constituir outra atividade empresária**, independentemente do ramo de atuação, dentro do **prazo de 6 meses contados da data da alienação.**

190. A responsabilidade será **subsidiária** quando o alienante vender um dos estabelecimentos empresariais que possuir ou ainda quando constituir outra atividade empresarial dentro do prazo de 6 meses contados da data da alienação.

191. Atualmente, é possível falarmos de **trespasse em curso de falência ou recuperação judicial**, desde que haja um parecer favorável dos credores e do Ministério Público e mediante autorização judicial. Em caso de trespasse em sede de falência ou recuperação judicial, os **débitos tributários não se transmitem**, ou seja, **permanecerão com o devedor originário** (massa falida ou devedor em recuperação judicial).

192. Entretanto, o **adquirente poderá responder excepcionalmente pelos débitos tributários** em decorrência de trespasse em sede de falência e recuperação judicial nos seguintes casos: quando o **adquirente for sócio do falido**, do **devedor em recuperação judicial** ou de **quaisquer uma de suas controladas**; quando o adquirente for **parente do devedor até o 4º grau**; ou quando o adquirente for **constituído como agente do falido**, com o intuito de fraude (art. 133, §§ 1º, 2º e 3º do CTN).

193. Nos termos da Súmula 554 do STJ, na hipótese de **sucessão empresarial**, a responsabilidade da sucessora abrange não apenas os tributos devidos pela sucedida, mas também as **multas moratórias e punitivas** referentes a fatos geradores ocorridos até a data da sucessão.

194. A **responsabilidade tributária de terceiros**, tratada no art. 134 do CTN, indica quem são os terceiros responsáveis pelos débitos tributários e qual a responsabilidade perante os contribuintes. O art. 134 do CTN indica que os terceiros terão responsabilidade solidária pelos débitos tributários com contribuintes. No entanto, o STF e o STJ já firmaram posicionamento no sentido de se tratar de **responsabilidade subsidiária de terceiros**, e não solidária. Prevalece, assim, o entendimento dos tribunais superiores no caso em tela.

350 DICAS DE DIREITO TRIBUTÁRIO   47

195. No rol de **terceiros responsáveis**, temos: os **pais** são responsáveis pelos tributos devidos pelos filhos menores; os **tutores e curadores** são responsáveis pelos tributos devidos pelos tutelados e curatelados; os **administradores de bens de terceiros** são responsáveis pelos tributos dos bens que administram. Lembrando que respondem com o próprio patrimônio daqueles pelos quais exercem a administração e não com o seu patrimônio pessoal.

196. O **inventariante** responderá pelos tributos devidos pelo espólio; o **administrador judicial** responderá pelos tributos devidos pela massa falida ou eventualmente pela empresa que se encontra em recuperação judicial. O art. 134, V, do CTN fala acerca de síndico e comissário, figuras existentes quando da vigência do DL 7.661/1945, que tratava de falência e concordata. Com o advento da Lei 11.101/2005, no art. 21, temos a figura jurídica do administrador judicial.

197. Os **tabeliães, escrivães e demais serventuários de ofício** responderão pelos tributos em decorrência de suas ações ou omissões no exercício da função pública que exercem. Em regra, temos aqui os titulares de serventias extrajudiciais (cartórios) que exercem essa função pública em caráter privado, por delegação do Poder Público, nos termos do art. 236 da CF e regulamentação pela Lei 8.935/1994.

198. Por fim, temos os **sócios** que responderão quando da liquidação da sociedade de pessoas. **Sociedade de pessoas** é aquela em que as qualificações individuais de cada sócio são fundamentais para o sucesso ou insucesso da atividade. Assim, toda sociedade simples será uma sociedade de pessoas, não se confundindo com a sociedade de capitais, sendo aquela que o aporte em investimento é o fundamental, sendo o sócio apenas uma engrenagem no exercício da atividade.

199. Quando falamos em **liquidação**, estamos diante de uma **apuração de haveres**, quando se pega o ativo de uma sociedade e se subtrai o passivo. Nesse momento, nos termos do art. 134, VII, do CTN, se o passivo tributário fosse superior ao ativo da sociedade, os sócios deveriam responder. Não podemos afirmar que tal fato ocorrerá dessa forma. Nos termos da Súmula 430 do STJ, o **mero inadimplemento da obrigação tributária pela sociedade não gera**, por si só, **responsabilidade solidária do sócio-gerente**. Lembro, ainda, que as **multas punitivas não se repassam aos terceiros**, apenas as **multas moratórias**.

200. A **responsabilidade tributária por excesso de poderes** indicará quem são os terceiros que responderão de forma **direta e pessoal** pelas dívidas tributárias que acarretarão quando de sua atuação com abuso de poder. O poder poderá ser conferido através de lei, contrato ou estatuto social, partindo-se da premissa que tal poder conferido será exercido de forma regular.

201. Quando um poder for exercido de forma irregular, enseja o denominado **abuso de poder**, que poderá ser dividido em **excesso ou desvio do poder**. O **excesso de poder** ocorrerá quando a pessoa extrapola os limites conferidos por lei, contrato ou estatuto social; o **desvio de poder** nada mais é do que o **desvio da finalidade do poder**, quando o poder é utilizado de forma diversa do que efetivamente fora conferido.

202. Assim, toda a pessoa que atuar com abuso de poder terá uma **responsabilidade pessoal e direta pelos débitos tributários que deram causa**, respondendo com o seu próprio patrimônio pessoal. Tal situação ocorrerá com todas as pessoas indicadas no art. 134 do CTN, com os mandatários, prepostos e empregados e com os diretores, gerentes e demais representantes das pessoas jurídicas de direito privado.

203. Não se pode afirmar que o sócio sempre responderá pessoalmente pelas dívidas tributárias, salvo se os sócios exercerem a administração da sociedade e atuarem de forma abusiva no exercício dessa administração.

204. A **responsabilidade tributária por infrações** se dividirá no denominado **direito tributário penal** e no **direito penal tributário**. O primeiro diz respeito às **infrações administrativas** não tipificadas como crime (p. ex., deixar de pagar o tributo na data de seu vencimento). A segunda diz respeito aos **crimes contra a ordem tributária**.

205. No caso da prática de **infrações administrativas**, não importará se a infração foi praticada com dolo ou culpa, sendo o agente infrator autuado por sua conduta. Afirmamos tratar-se de uma **responsabilidade objetiva do agente**, pois **independe da vontade do agente**.

206. Em se tratando da prática de **crime contra a ordem tributária**, somente poderá se dar através da prática de **ato doloso**, exigindo-se, em regra, o **dolo específico**. Não se admite crime tributário culposo ou, em regra, através de existência de **dolo eventual** ou **genérico**. Portanto, a responsabilidade do agente sempre será **subjetiva**.

207. Ainda, somente poderá ocorrer **representação para fins penais após o lançamento definitivo do tributo**, conforme dispõe a Súmula Vinculante 24. Enquanto estiver em fase de processo administrativo, o Fisco estará impedido de representar para fins penais, uma vez que o processo administrativo em andamento impedirá a constituição definitiva do crédito tributário.

X – DENÚNCIA ESPONTÂNEA

208. Ocorrerá o instituto da **denúncia espontânea** quando o contribuinte devedor realizar o **pagamento extemporâneo do tributo**, juntamente com os **juros de mora** e **correção monetária antes do início do procedimento de fiscalização** (que se dará quando o contribuinte receber a notificação).

209. Caso o contribuinte efetue o pagamento **antes de ser notificado**, a autoridade administrativa competente **estará obrigada a receber o pagamento como forma de denúncia espontânea**, procedendo a **exclusão da multa**. Assim, a denúncia espontânea **não excluirá o pagamento do tributo**, dos **juros** ou da **correção**, mas apenas da **multa tributária**.

210. Se o pagamento for **efetuado após a notificação**, não se trata de denúncia espontânea, mas de **mera confissão de dívida**, devendo o contribuinte realizar o pagamento da multa.

211. Nos termos da Súmula 360 do STJ, o benefício da denúncia espontânea **não se aplica aos tributos sujeitos ao lançamento por homologação regularmente declarados**, mas **pagos a destempo**. Isto porque, uma vez que houve a declaração pelo contribuinte reconhecendo o débito fiscal, tal ato constitui o crédito tributário, dispensada qualquer outra providência por parte do Fisco (Súmula 436 do STJ).

XI – CRÉDITO TRIBUTÁRIO: LANÇAMENTO E MODALIDADES

212. O **crédito tributário** é o valor devido ao Fisco em decorrência de uma obrigação tributária principal válida. Ele **decorre dessa obrigação principal** e possui a **mesma natureza da obrigação tri-**

butária. Pode-se afirmar que se trata de um bem público, uma vez que tal quantia deverá ser utilizada para atendimento dos interesses da coletividade.

213. As circunstâncias que modificam o crédito tributário, sua extensão ou seus efeitos, bem como as garantias ou privilégios a ele atribuídos não afetam a obrigação tributária que lhe deu origem, ocorrendo o denominado **fenômeno da abstração**. Assim, quando da constituição do crédito, o mesmo se **desvinculará da obrigação tributária que lhe deu origem**.

214. O que dará ao crédito tributário **exigibilidade** é a figura jurídica do **lançamento**, sendo todo procedimento administrativo tendente a verificar a ocorrência do fato gerador da obrigação tributária correspondente, determinar a matéria tributável, calcular o montante do tributo devido, identificar o sujeito passivo e, sendo o caso, propor a penalidade cabível.

215. Neste caso, o lançamento poderá adotar a **forma** de **aviso de lançamento, notificação de débito** ou até mesmo um **auto de infração e imposição de multa**. Essas são as formas que a Fazenda tem para dar a exigibilidade de um tributo ou penalidade pecuniária.

216. Uma vez que o lançamento é um **ato administrativo vinculado** – e não procedimento administrativo como traz a lei – todos os **requisitos de sua validade estão adstritos à lei**; assim, no caso de **vício no lançamento** ensejará sua **anulação**, tanto procedida pela própria Administração Pública (em decorrência do princípio da autotutela – Súmula 472 do STF) como pelo Poder Judiciário (observando-se o princípio da inércia de jurisdição). Não há o que se falar em **revogação**, pois é forma de extinção de atos administrativos discricionários.

217. Dentre as **modalidades de lançamento** previstas em lei, temos: **lançamento de ofício**, quando o Fisco procede todo o lançamento sem a necessidade de qualquer informação por parte do contribuinte, uma vez que a Fazenda possui todas as informações pertinentes em sua base de dados (art. 149 do CTN). Temos como exemplo dessa modalidade de lançamento o IPVA e IPTU.

218. O **lançamento por declaração** (também denominado de misto) é a modalidade de lançamento pelo qual o Fisco efetua o lançamento com base nas informações prestadas pelo contribuinte. **Não há**, nesse caso, **antecipação de recolhimento do tributo**, sendo o montante efetuado apenas após as declarações emanadas pelo contribuinte. Trata-se de uma modalidade de lançamento em completo desuso que, provavelmente, terá brevemente sua extinção. Em alguns Estados da federação, temos o ITCMD e em alguns Municípios, o ITBI.

219. A modalidade mais adotada no Brasil e também em grande parte do mundo é o **lançamento por homologação** (também denominado de **autolançamento**). Nessa modalidade, o contribuinte realiza todo o procedimento administrativo, inclusive mediante a **antecipação do recolhimento do tributo** que julgar devido, cabendo ao Fisco concordar ou não com o pagamento efetuado. O **ato de concordância** denomina-se **homologação**, que poderá ser dar de forma **expressa** ou **tácita**.

220. A **homologação expressa** ocorre quando o Fisco manifesta sua **concordância por escrito, dentro do prazo de 5 anos** contados do pagamento efetuado. Temos a **homologação tácita** quando o Fisco **permanecer em silêncio** por, pelo menos, 5 anos. Ocorrendo a homologação, ocorrera a **extinção do crédito tributário**. Temos como exemplos de tributos que se sujeitam a essa modalidade de lançamento: II, IE, IR, IPI, IOF, ITR, ICMS, ISS, contribuições sociais etc.

XII – ALTERAÇÃO E REVISÃO DO LANÇAMENTO

221. Uma vez que o lançamento foi realizado, o mesmo poderá ser **alterado ou revisto de ofício** enquanto **não for extinto o direito da Fazenda Pública** que, neste caso, será de 5 anos. Assim, o lançamento regularmente notificado ao sujeito passivo somente poderá ser alterado em virtude de **impugnação do sujeito passivo, recurso de ofício** ou ser **revisto de ofício**, observando-se as hipóteses do art. 149 do CTN.

222. A **impugnação do sujeito passivo** é a apresentação da defesa administrativa tempestiva, dando início ao processo administrativo fiscal, nos termos do art. 14 do Dec. 70.235/1972. A defesa administrativa poderá ser apresentada em até **30 dias contados do recebimento da notificação**. Se tal defesa em primeira instância administrativa for indeferida, o contribuinte poderá apresentar um **recurso voluntário**, discutindo a matéria perante um órgão colegiado.

223. O **recurso de ofício** é o recurso administrativo interposto pelo Fisco nos casos de **deferimento da defesa administrativa** em primeira instância. Assim, o colegiado decidirá sobre a matéria que fora alegada pela Fazenda, nos termos do art. 34 do Dec. 70.235/1972. Quando da redução ou extinção do tributo, o recurso de ofício ocorrerá mediante **reexame necessário**.

224. O Fisco **poderá rever o lançamento efetuado de ofício**, dentro das hipóteses previstas no art. 149 do CTN, que possui um **rol taxativo**. Tal revisão somente ocorrerá **enquanto não for extinto o direito da Fazenda Pública**, nesse caso, **dentro do prazo de 5 anos**.

XIII – SUSPENSÃO DA EXIGIBILIDADE DO CRÉDITO TRIBUTÁRIO

225. A **suspensão da exigibilidade do crédito tributário** trata de hipóteses que visam **evitar o prosseguimento de cobrança do crédito tributário**. O que se espera com tais hipóteses é de **evitar a inscrição em dívida ativa**, o ajuizamento da execução fiscal ou ainda **suspender o curso do processo executivo fiscal**. Tais hipóteses encontram seu respaldo no art. 151 do CTN. Dentre elas, temos a **moratória**, o **depósito do montante integral**, as **reclamações e recursos administrativos**, a **concessão de liminar em mandado de segurança**, a **concessão de liminar ou tutela antecipada nas demais ações** e o **parcelamento**.

226. **Moratória** é a dilação no prazo de pagamento de créditos tributários, em regra, vincendos. Pode ser concedida em **caráter geral** pela **pessoa jurídica de direito público dotada de competência tributária**, pela **União** quanto a **tributos de competência dos estados, DF e Municípios**, simultaneamente concedidas quanto aos tributos de competência federal e às obrigações de direito privado ou poderá ser concedida em **caráter individual**, por **despacho de autoridade administrativa**.

227. A **lei que concede a moratória** poderá circunscrever, de forma expressa, sua aplicabilidade à **determinada região do território da pessoa jurídica de direito público** que a expedir, ou a determinada **classe** ou **categoria** de sujeitos passivos.

228. Dentre os **requisitos para a concessão da moratória**, temos: **determinação do prazo**, os **tributos que se aplica**, o **número de prestações** e as **garantias que deverão ser fornecidas**. Uma vez que se trata de um **benefício fiscal**, somente **poderá ser concedida mediante existência de lei específica**, nos termso do art. 150, §6º da CF.

229. A moratória somente abrangerá **créditos definitivamente constituídos à data da lei ou do despacho que a conceder**, ou cujo lançamento já tenha sido iniciado àquela data por ato regularmente notificado ao sujeito passivo, **não se aproveitando aos casos de dolo, fraude** ou **simulação**.

230. O **depósito do montante integral** somente terá justificativa se for judicial, vez que o **depósito administrativo** foi considerado **inconstitucional** pelo STF, quando da edição da **Súmula Vinculante 21**. Para que suspenda a exigibilidade do crédito tributário tal depósito deverá ser **integral** (abrangendo a **dívida principal**, os **juros**, a **correção** e a **multa**) e **em dinheiro**, nos termos da **Súmula 112 do STJ**.

231. As **reclamações e recursos administrativos** indicam a existência de **processo administrativo fiscal**, nos termos do Dec. 70.235/1972. Assim, enquanto o processo administrativo fiscal estiver em andamento, a exigibilidade do crédito tributário encontra-se suspensa, sendo um **impeditivo**, inclusive, de **inscrição em dívida ativa**, uma vez que o crédito tributário somente estará **definitivamente constituído** após a **decisão administrativa irreformável desfavorável ao contribuinte**.

232. O **mandado de segurança** é uma medida judicial que visa **evitar** ou **coibir uma lesão a um direito líquido e certo**, perpetrado por **autoridade administrativa com abuso ou ilegalidade**, desde que não amparado por *habeas corpus* ou *habeas data*. Não é a impetração da ação mandamental que suspenderá a exigibilidade do crédito tributário, mas a **concessão de sua liminar**. A lei que regulamenta o mandado de segurança é a Lei 12.016/09.

233. A **concessão de liminar em mandado de segurança** está atrelada ao preenchimento dos requisitos estabelecidos no art. 7º, III, da Lei 12.016/2009, sendo o *fumus boni juris* e o *periculum in mora*. Uma vez que tais requisitos forem demonstrados, a **concessão da liminar suspenderá a exigibilidade do crédito tributário** enquanto durarem os seus efeitos.

234. Dentre as hipóteses de vedação ao uso de liminar em mandado de segurança, destaco duas das hipóteses relevantes em matéria tributária: **compensação de tributos** e **liberação de mercadorias apreendidas advindas do exterior**, ou seja, antes do desembaraço aduaneiro.

235. A **concessão de tutelas provisórias em outras ações judiciais em matéria tributária** também suspende a exigibilidade do crédito tributário. Nos casos de **concessão de tutela provisória** em ação declaratória de inexistência de relação jurídico-tributária e ação anulatória de débito fiscal, a exigibilidade do crédito tributário estará suspensa até a decisão final transitada em julgado. As **mesmas vedações para concessão de liminar se estendem à tutela provisória**, nos termos do art. 7º, § 5º, da Lei 12.016/2009. Deste modo, **não caberá tutela provisória** – seja de urgência ou evidência – para os casos de **compensação de tributos** ou **liberação de mercadorias advindas do exterior** (antes do desembaraço aduaneiro).

236. O **parcelamento** é a dilação no prazo de pagamento de créditos tributários vencidos. Se o crédito tributário está vencido, **incidirá os juros de mora e multas**. Pode a lei que concede o parcelamento estabelecer **redução de multas** e **juros** para **aumento da adesão ao benefício fiscal**.

237. As **mesmas condições aplicadas à moratória** se **estenderão ao parcelamento**, sendo este concedido pela pessoa jurídica de direito público dotada de competência tributária dentro de sua esfera de governo. Assim, a União somente poderá conceder parcelamento de tributos federais, os Estados de tributos estaduais e os Municípios dos seus respectivos tributos municipais.

XIV – EXTINÇÃO DO CRÉDITO TRIBUTÁRIO

238. As hipóteses de **extinção do crédito tributário** estão previstas no art. 156 do CTN, sendo: **pagamento, compensação, transação, remissão, prescrição e decadência, conversão do depósito em renda, pagamento antecipado e homologação, consignação em pagamento, decisão judicial transitada em julgado, decisão administrativa irreformável** e **dação em pagamento de bens imóveis**.

239. O **pagamento** pode ser **total ou parcial**, sendo efetuado na repartição do **domicílio tributário do sujeito passivo** dentro do prazo de **30 dias contados do recebimento da notificação**. Pode a lei conceder **desconto pela antecipação do pagamento**.

240. No caso de existirem **dois ou mais débitos vencidos do mesmo sujeito passivo com o mesmo ente público**, deverá ser observada a seguinte ordem na **imputação de pagamento**: em **primeiro lugar**, pagam-se os **débitos de obrigação própria** e, em segundo lugar, aos **decorrentes de responsabilidade tributária**. Primeiro, serão pagas as **contribuições de melhoria**, depois às **taxas** e por fim, os **impostos**. Pagam-se ainda, na **ordem crescente dos prazos de prescrição** e **decrescente dos montantes**.

241. Ocorrendo o **pagamento indevido ou à maior**, o sujeito passivo terá direito, **independentemente de prévio protesto**, à **restituição total ou parcial do tributo**, não importando sua modalidade de pagamento. Tal direito de restituição se dará para **evitar o enriquecimento sem causa por parte do Estado**.

242. O **pedido de restituição** poderá ocorrer de forma **administrativa** ou **judicial**. O **pedido de restituição administrativa** será feito perante o órgão público competente, mediante o preenchimento de todas as condições estabelecidas em lei. Caso haja a **denegação do pedido de restituição administrativa**, o sujeito passivo poderá propor a **ação anulatória de decisão administrativa** no **prazo de até 2 anos contados da decisão denegatória**, nos termos do art. 169 do CTN.

243. O **requerimento judicial de restituição** será realizado mediante o ajuizamento de **ação de repetição de indébito fiscal**, nos termos do art. 165 do CTN, dentro do prazo de **até 5 anos contados da data do pagamento indevido**. Tal ação **não terá o cabimento de tutela provisória**, tendo em vista a **ordem cronológica de recebimento através de precatórios**, nos termos do art. 100 da CF.

244. Conforme estabelece a Súmula 461 do STJ, o **contribuinte poderá optar por receber**, por meio de **precatório** ou **compensação**, o indébito tributário certificado por sentença declaratória transitada em julgado.

245. Haverá **direito de restituição** dos denominados **tributos indiretos**, que são aqueles que admitem transferência do encargo tributário à terceira pessoa. No início, o STF tinha o entendimento que tais tributos que comportam transferência do encargo não geravam direito de restituição (Súmula 71 do STF), o que restou **superada com o advento da Súmula 546 do STF: cabe a restituição do tributo pago indevidamente**, quando reconhecido por decisão, que o **contribuinte** *de jure* **não recuperou do contribuinte** *de facto* o *quantum* respectivo.

246. Segundo o STF, apenas o **contribuinte de direito** (aquele que realiza o fato gerador) **terá o direito de requerer a restituição**, não sendo possível pelo contribuinte de fato (aquele que assume o respectivo encargo tributário no preço). E para que o contribuinte de direito possa ter o direito de restituição terá que **comprovar que assumiu o encargo** ou, no caso de tê-lo transferido a terceiro, estar por este expressamente autorizado a receber, nos termos do art. 166 do CTN.

247. A **compensação** é um instituto de direito civil utilizado pelo direito tributário visando a extinção do crédito tributário através de um **encontro de contas,** pelo qual o contribuinte possui um débito, mas também um crédito com a mesma pessoa jurídica de direito público. A compensação só se faz possível mediante uma **decisão judicial transitada em julgado**, não se admitindo compensação de tributos mediante liminar ou tutela antecipada, nos termos do art. 7º, §§ 2º e 5º, da Lei 12.016/2009.

248. Pela regra geral, **só se admite compensação de tributos da mesma espécie e mesma esfera governamental**, não se admitindo compensação de espécies tributárias distintas e nem de esferas de governo distintas. Assim, somente é possível a compensação de um imposto federal com um imposto federal, uma taxa estadual com uma taxa estadual e assim sucessivamente.

249. Nos termos do art. 74 da Lei 9.430/1996, tributos que são **administrados pela Secretaria da Receita Federal admitem compensação**. Assim sendo, **podemos admitir a compensação de tributos com espécies distintas**, desde que arrecadados por este órgão público federal. A única vedação, notadamente após o advento da Lei 11.457/2007 é que não se poderia compensar contribuições previdenciárias com outra espécie tributária; contribuição previdenciária somente poderá ser compensada com contribuição previdenciária. Tal situação foi superada ante o **advento do e-Social**, pela implementação da **DCTF Web**, introduzida pela IN RFB 1.787/2018, admitindo-se a compensação de **contribuições previdenciárias** com **demais tributos federais administrados pela Secretaria da Receita Federal do Brasil**.

250. A **transação** é um **acordo estabelecido entre a Administração Pública e o contribuinte** visando extinguir o crédito tributário. Porém, tal acordo deverá ser **autorizado por lei**, sendo que esta indicará a autoridade competente para autorizar a transação em cada caso. O surgimento de **Medida Provisória 899** (MP do Contribuinte Legal) dá ensejo a existência de uma **transação tributária**, reguilamentada pela Portaria nº 11.956/2019 da Procuradoria Geral da Fazenda Nacional, admitindo-se como modalidades de transação na cobrança da dívida ativa da União: **transação por adesão à proposta da PGFN, transação individual proposta pela PGFN ou transação individual proposta pelo devedor inscrito em dívida ativa da União**.

251. **Remissão** é um benefício fiscal consistente no **perdão total ou parcial do crédito tributário**. Sendo um benefício fiscal, somente poderá ser concedido mediante lei, que poderá autorizar a autoridade administrativa conferir tal benefício mediante **despacho fundamentado**.

252. As **hipóteses que autorizam a remissão** são: **situação econômica do sujeito passivo, erro ou ignorância escusáveis do sujeito passivo quanto à matéria de fato, diminuta importância do crédito tributário**, considerações de **equidade e condições peculiares de determinada região do território da entidade tributante**, não gerando, em qualquer caso, direito adquirido.

253. **Decadência Tributária** é a perda do direito de o Fisco constituir o crédito tributário. Para tanto, o Fisco terá o **prazo de 5 anos para realização da constituição do crédito tributário,** sendo que o prazo deve ser contabilizado dependendo da modalidade de lançamento que o tributo esteja sujeito.

254. Nos **tributos sujeitos ao lançamento de ofício ou por declaração,** o prazo de contagem para efeitos da decadência será do **1º dia do exercício financeiro seguinte daquele em que o lançamento deveria ter sido efetuado** (art. 173, I, do CTN). Nos **tributos sujeitos ao lançamento por homologação**, o prazo será contabilizado a partir da **ocorrência do fato gerador** (art. 150, § 4º, do CTN).

255. Pela regra geral, **prazo decadencial não se interrompe e nem se suspende,** sendo a decadência **matéria de ordem pública**, ou seja, **deverá ser arguida de ofício pelo juízo competente a qualquer tempo.**

256. Existem **situações excepcionais de aplicação da decadência.** Pode-se afirmar que temos uma **única possibilidade de interrupção do prazo decadencial:** quando da **anulação do lançamento por vício formal**, o Fisco terá **mais 5 anos para efetuar um novo lançamento** (art. 173, II, do CTN). Trata-se de um caso de interrupção do prazo decadencial.

257. O **Imposto de Renda** (IR), por mais que seja um **tributo sujeito ao lançamento por homologação**, não terá o seu prazo contado a partir da ocorrência do fato gerador, aplicando-se a regra prevista no art. 173, I, do CTN. Isto porque o IR goza do chamado **fato gerador complexivo**, em que o fato gerador poderá **ocorrer em qualquer momento do exercício financeiro**, cabendo a lei definir o aspecto temporal.

258. Para fins de **contagem do prazo decadencial no IR**, teremos o **1º dia do exercício financeiro seguinte à data da entrega da declaração**. Assim, p. ex., se o contribuinte auferiu renda no ano de 2016, tem o prazo até abril de 2017 para apresentar sua declaração de ajustes; assim, o prazo decadencial se iniciará a partir de 1º de janeiro de 2018, no 1º dia do exercício financeiro seguinte da data de entrega da declaração.

259. Caso o contribuinte tenha **efetuado a declaração sem ter realizado o pagamento**, **não há o que se falar em decadência**, uma vez que o **crédito tributário já estará constituído**, nos termos da **Súmula 436 do STJ**, vez que a declaração efetuada dispensa qualquer procedimento por parte do Fisco, constituindo o crédito tributário.

260. **Prescrição tributária** é a **perda do direito de o Fisco cobrar judicialmente o crédito tributário através da execução fiscal**. O prazo que o Fisco possui para promover a execução fiscal será de **5 anos contados da constituição definitiva do crédito tributário**.

261. Entende-se por **constituição definitiva** a partir de **31º dia**, nos casos do contribuinte **receber a notificação** e **não efetuar o pagamento em 30 dias** ou ainda da **decisão administrativa irreformável**, nos casos em que o contribuinte, ao receber a notificação, apresenta tempestivamente a defesa administrativa.

350 DICAS DE DIREITO TRIBUTÁRIO

262. Diferentemente do que ocorre com a decadência, o **prazo prescricional** pode sofrer **suspensão** e ser **interrompido**. O que **suspende a prescrição** são as hipóteses previstas no art. 151 do CTN: moratória, depósito integral, reclamações e recursos administrativos, concessão de liminar em mandado de segurança, concessão de liminar ou tutela antecipada nas demais ações e parcelamento. **O prazo prescricional poderá ser suspenso indefinidas vezes.**

263. As hipóteses que **interrompem a prescrição** encontram-se previstas no art. 174, parágrafo único, do CTN, sendo: do **despacho do juiz quando da citação da execução fiscal**, do **protesto judicial**, do **ato judicial que constitua o devedor em mora** e do **ato, mesmo que extrajudicial, que importe em confissão de dívida do contribuinte**.

264. O art. 2º, § 3º, da Lei 6.8380 (Lei da Execução Fiscal) determina que a **inscrição em dívida ativa acarreta suspensão da prescrição por 180 dias** ou **até a distribuição da execução fiscal**. Conforme já sedimentado pelo STF, tal dispositivo **não se aplica aos créditos tributários**, uma vez que **prescrição deve ser tratada por lei complementar**, nos termos do art. 146, III, *b*, da CF e a Lei 6.830/1980 trata-se de lei ordinária. Assim sendo, o **dispositivo aplica-se a créditos não tributários**, não se aplicando aos créditos tributários.

265. Caso o contribuinte tenha efetuado um depósito em determinada medida judicial e for vencido, não há necessidade de a Fazenda promover execução fiscal para a cobrança do respectivo valor, cabendo a possibilidade de uma **conversão do depósito realizado em renda a favor do ente tributante competente**.

266. A realização da **antecipação do recolhimento do tributo** e **a homologação** do pagamento efetuado pelo Fisco constitui uma hipótese de extinção do crédito tributário, em conformidade com o art. 150, § 4º, do CTN.

267. A **consignação em pagamento** é uma medida judicial cabível nos casos de **recusa** do recebimento do tributo ou **subordinação do recebimento deste ao pagamento de outro tributo ou penalidade indevidos**, nos casos de **subordinação do recebimento do tributo ao cumprimento de exigências administrativas sem fundamento legal** ou ainda nos casos de **dúvida ou bitributação**.

268. A **consignação em pagamento** só pode versar sobre o crédito que o consignante se propõe pagar, sendo que, uma vez **julgada procedente**, o **pagamento reputar-se-á como efetuado e a importância consignada será convertida em renda**, extinguindo o crédito tributário.

269. Caso a consignação em pagamento for julgada **improcedente no todo ou em parte**, cobrar-se-á o crédito tributário **acrescido de juros de mora**, sem prejuízo de demais penalidades cabíveis.

270. A **dação em pagamento de bens imóveis** é uma forma de extinção do crédito tributário mediante o oferecimento de um bem imóvel como forma de pagamento e quitação dos tributos. A Lei 13.259/2016, em seu artigo 4º traz a possibilidade de dação em pagamento de **créditos tributários inscritos em dívida ativa da União**.

271. Os **requisitos para a concessão de dação em pagamento de bens imóveis** para dívidas tributárias da União são: que a dação seja **precedida de avaliação do bem que deve estar livre e desembaraçado de qualquer ônus** e que a **dação abranja a totalidade dos créditos que se pretende liquidar com atualização, juros, multas**

e **encargos legais,** podendo ocorrer complementação em dinheiro de eventual diferença.

272. A dação em pagamento de bens imóveis, regulamentada pela Lei 13.259/2016, **não abrange aos créditos tributários oriundos de microempresas e empresas de pequeno porte que aderiram ao Simples Nacional.**

XV – EXCLUSÃO DO CRÉDITO TRIBUTÁRIO

273. São hipóteses de **exclusão do crédito tributário** a isenção e a **anistia.** A exclusão do crédito tributário **não dispensa o cumprimento das obrigações acessórias dependentes da obrigação principal cujo crédito seja excluído.**

274. A **isenção** é a **dispensa legal do cumprimento da obrigação tributária principal,** relativamente ao tributo, excluindo o crédito tributário dele decorrente. Em outras palavras, **isenção é a dispensa do pagamento do tributo.**

275. A isenção **poderá ser restrita a determinada região do território da entidade tributante,** em função de condições a ela peculiares.

276. A isenção poderá ser **concedida em caráter geral** ou mediante **outorga pessoal,** podendo ser por **prazo determinado** ou **indeterminado de duração.** Quando concedida por **prazo determinado de duração,** esta isenção **não pode ser revogada a qualquer tempo,** uma vez que gera direito adquirido.

277. Quando a isenção for concedida por **prazo indeterminado**, tal benefício é **precári**o, podendo ser **revogado a qualquer tempo**, uma vez que **não gera direito adquirido**.

278. O Brasil admite as chamadas **isenções autonômicas**, sendo aquelas **concedidas pelo mesmo ente tributante dotado de competência tributária**. Assim, a União poderá conceder isenções de tributos de sua competência, bem como os Estados, DF e Municípios.

279. As **isenções heterônomas** são aquelas em que um **ente tributante confere isenção de tributo que não seja de sua competência tributária**. Tal situação é **vedada constitucionalmente**, conforme dispõe o art. 151, III, da CF.

280. Toda **concessão de isenção** deve observar o disposto na **Lei de Responsabilidade Fiscal** (LC 101/2000. para que **não incorra em prejuízo orçamentário**. Assim, toda **isenção deverá vir acompanhada de um estudo de impacto financeiro-orçamentário**, de **estrita observância a lei de diretrizes orçamentárias** e da **utilização de medidas de compensação** (como p. ex., a indicação de uma outra fonte de custeio).

281. A **isenção**, quando **não concedida em caráter geral**, será efetivada, em cada caso, por **despacho da autoridade administrativa**, em requerimento em que o qual o interessado faça **prova do preenchimento das condições** e do **cumprimento dos requisitos previstos em lei**.

282. A **anistia** é um benefício fiscal consistente na **dispensa legal do cumprimento da obrigação tributária principal**, relativamente às **penalidades pecuniárias**, extinguindo o crédito tributário

delas decorrente. Assim, a anistia **apenas alcança as multas,** não alcançando os tributos e demais encargos tributários.

283. Não se pode afirmar que todas as multas serão abrangidas pela anistia, uma vez que tal benefício **não se aplica às multas aplicadas após a vigência da lei que concede o benefício fiscal.** Também **não se aplica às multas decorrentes de crime ou contravenção tributária,** decorrentes de **dolo, fraude** ou **simulação** e de **conluio entre duas** ou **mais pessoas naturais ou jurídicas.**

284. A **anistia** poderá ser **concedida em caráter geral** ou **limitadamente às infrações da legislação relativa a determinado tributo,** às **infrações punidas com penalidades pecuniárias até determinado limite,** a **determinada região do território da entidade tributante** ou ainda sob **condição do pagamento de tributo no prazo fixado pela lei que a conceder.**

285. A **anistia,** quando **não concedida em caráter geral,** será **efetivada por despacho da autoridade administrativa,** em requerimento com o qual o interessado faça prova do preenchimento das condições e do cumprimento dos requisitos, **não gerando direito adquirido.**

XVI – GARANTIAS E PRIVILÉGIOS DO CRÉDITO TRIBUTÁRIO

286. Uma vez que o crédito tributário é considerado um bem público, deve gozar de garantias e de privilégios distintos de créditos comuns. **Garantias** são as **medidas assecuratórias para o cumprimento do crédito tributário** e **privilégios** são os **destaques que o crédito tributário ocupa em razão de créditos de outra natureza.**

287. Os créditos tributários poderão atingir a **totalidade de bens, rendas** ou **direitos** do sujeito passivo, **mesmo que os bens sejam gravados com cláusulas de inalienabilidade e impenhorabilidade,** não importando a data de constituição do ônus ou das cláusulas, **somente não atingindo os bens considerados absolutamente impenhoráveis,** dispostos no art. 833 do CPC.

288. Não podemos afirmar que o **bem de família,** descrito na Lei 8.009/1990 seja considerado **absolutamente impenhorável,** mas sim, **relativamente impenhorável,** pois se tal bem imóvel tiver **débitos tributários a ele relativo,** sofrerá a **penhora,** nos termos do art. 3º, IV.

289. Presume-se **fraudulenta** a **alienação ou oneração de bens ou rendas por sujeito passivo em débito com a Fazenda Pública,** desde que o crédito tributário esteja **regularmente inscrito em dívida ativa.** Trata-se de uma **presunção absoluta de fraude.** No entanto, **não se considera fraude fiscal a alienação de bens ou rendas antes** do **termo de inscrição em dívida ativa** ou ainda desde que o **sujeito passivo tenha bens, rendas ou direitos suficientes para a total satisfação do crédito tributário,** mesmo que haja alienação desse patrimônio após a regular inscrição em dívida ativa.

290. Temos a **penhora on-line em matéria tributária** quando o devedor tributário, devidamente **citado em uma execução fiscal, não pagar** e nem apresentar bens à penhora no prazo legal e **não forem encontrados bens penhoráveis,** sendo que o juiz determinará a **indisponibilidade de seus bens e direitos,** comunicando a decisão, **preferencialmente por meio eletrônico,** aos órgãos ou entidades que promovem a transferência de bens, especialmente ao **registro público de imóveis** e as **autoridades supervisoras do setor bancário** e do **mercado de capitais** para cumprimento da ordem judicial.

350 DICAS DE DIREITO TRIBUTÁRIO | **69**

291. Conforme determina a Súmula 560 do STJ, a **decretação da indisponibilidade de bens e direitos,** na forma do art. 185-A do CTN, **pressupõe o exaurimento das diligências na busca por bens penhoráveis,** o qual fica caracterizado quando **infrutíferos o pedido de constrição sobre ativos financeiros** e a **expedição de ofícios aos registros públicos do domicílio do executado,** ao Denatran ou Detran.

292. O **crédito tributário prefere a qualquer outro,** seja qual for a natureza ou o tempo de sua constituição, **ressalvados os créditos decorrentes da legislação do trabalho ou do acidente do trabalho.**

293. Em se tratando da **decretação de falência,** o crédito tributário **não prefere aos créditos extraconcursais** ou **às importâncias passíveis de restituição,** nos termos da Lei 11.101/2005, nem aos **créditos com garantia real,** no **limite do valor do bem gravado.**

294. Nos termos do art. 84 da Lei 11.101/2005, são considerados como **créditos extraconcursais** as **remunerações devidas ao administrador judicial** e seus auxiliares, a **quantia fornecida à massa pelos credores,** as **despesas com arrecadação e administração do ativo,** as **custas judiciais e obrigações resultantes de atos jurídico válidos praticados durante a recuperação judicial** ou **após a decretação da falência.**

295. Existem também tributos que são classificados como **créditos extraconcursais,** sendo aqueles cujos **fatos geradores ocorreram após a decretação da falência,** nos termos do art. 188 do CTN.

296. Importante ressaltar que as **multas tributárias somente preferem aos créditos subordinados**, sendo considerados os previstos em lei ou em contrato e os créditos dos sócios e dos administradores sem vínculo empregatício, nos termos do art. 83, VIII, da Lei 11.101/2005.

297. A **cobrança judicial do crédito tributário não é sujeita ao concurso de credores ou habilitação em falência, recuperação judicial, inventário** ou **arrolamento**.

298. Verifica-se o **concurso de preferência entre pessoas jurídicas de direito público** na seguinte ordem: **União, Estados e DF conjuntamente e pró-rata e Municípios, conjuntamente e pró-rata.**

299. Também são **pagos preferencialmente a quaisquer créditos habilitados em inventário ou arrolamento** ou a outros encargos do monte, os **créditos tributários vencidos ou vincendos**, a cargo do **de cujus ou de seu espólio**, exigíveis no **decurso do processo de inventário ou arrolamento.**

300. São pagos **preferencialmente a quaisquer outros os créditos tributários vencidos ou vincendos,** a cargo das pessoas jurídicas de direito privado em **liquidação judicial ou voluntária,** exigíveis no **decurso da liquidação.**

301. A **extinção das obrigações do falido** requer a **prova de quitação de todos os tributos e a concessão de recuperação judicial depende da apresentação da prova de quitação de todos os tributos ou através da apresentação da certidão negativa ou da certidão positiva com efeitos de negativa.**

302. Nenhuma **sentença de julgamento de partilha** ou **adjudicação** será proferida **sem a prova de quitação de todos os tributos relativos aos bens do espólio ou às suas rendas.**

303. Salvo quando expressamente autorizado por lei, **nenhum departamento da administração pública** da União, dos Estados, do DF e dos Municípios **celebrará contrato ou aceitará proposta em concorrência pública**, sem que o contratante ou proponente faça **prova da quitação de todos os tributos devidos à Fazenda Pública interessada**, relativos à atividade em cujo exercício contrata ou concorre.

XVII – ADMINISTRAÇÃO TRIBUTÁRIA

304. A **administração tributária** cuida das questões relativas à **arrecadação e fiscalização de tributos,** sendo formada pelos **órgãos públicos dotados de poder de polícia.** Em cada **esfera governamental** existirá um **órgão público competente** para o **exercício da fiscalização tributária.**

305. A **autoridade administrativa que proceder ou presidir a quaisquer diligências de fiscalização** lavrará os termos necessários para a documentação de todo o procedimento, na forma da legislação aplicável, **fixando um prazo máximo para a sua conclusão.**

306. Mediante **intimação escrita**, são obrigados a prestar à autoridade administrativa **todas as informações de que disponham com relação aos bens, negócios** ou **atividades de terceiros:** os tabeliães, escrivães e demais serventuários de ofício, os bancos, casas bancárias e demais instituições financeiras, as empresas de administração de bens, os corretores, leiloeiros e despachantes oficiais, os inventariantes, o administrador judicial e os liquidatários e quaisquer outras entidades ou pessoas que a lei determinar.

307. Nos termos do art. 6º da LC 105/2001, as autoridades e os agentes fiscais tributários somente poderão examinar documentos, livros e registros de instituições financeiras, inclusive referentes a contas de depósitos e aplicações financeiras quando houver processo administrativo instaurado ou procedimento fiscal em curso, **sem a necessidade de qualquer autorização judicial**.

308. Tal situação foi considerada pelo STF como constitucional, **não sendo considerada a quebra de sigilo bancário e fiscal**, desde que todas as informações permaneçam no âmbito da própria administração pública.

309. Os órgãos públicos competentes para a fiscalização da União, Estados, DF e Municípios prestarão mutuamente assistência para a fiscalização dos tributos, **permutando informações nos termos da lei** ou de **convênio específico**. O mesmo ocorrerá com a União, na forma de tratados e convênios internacionais, para **permuta de informações com Estados estrangeiros no interesse da arrecadação e fiscalização de tributos**.

XVIII – DÍVIDA ATIVA E CERTIDÕES

310. **Dívida ativa** é o **procedimento administrativo interno** pelo qual a Fazenda Pública confere ao crédito tributário uma **presunção relativa de certeza e liquidez**, tornando-o **exequível**.

350 DICAS DE DIREITO TRIBUTÁRIO

311. A **exequibilidade do crédito tributário** dar-se-á por **extração de um título executivo extrajudicial** que é a **certidão de dívida ativa**, sendo um **ato administrativo enunciativo contendo um resumo do termo de inscrição**.

312. O **termo de inscrição em dívida ativa**, autenticado pela autoridade administrativa competente, indicará obrigatoriamente o **nome do devedor e dos corresponsáveis**, a **quantia devida** e a maneira de calcular os juros, a **origem e natureza do crédito**, a **data em que ocorreu a inscrição** e, sendo o caso, o **número do processo administrativo** de que se originou o crédito tributário.

313. O art. 1º, parágrafo único, da Lei 9.492/1997, alterado pela Lei 12.767/2012, autoriza o **protesto extrajudicial de certidão de dívida ativa**, como mecanismo eficaz de arrecadação de tributos. O STF, no julgamento da ADI 5.135 julgou constitucional tal possibilidade, **sem considerar a ocorrência de sanção política**.

314. A **certidão de dívida ativa** poderá ser **emendada** ou **substituída até a decisão de primeira instância**, sendo **devolvido ao contribuinte o prazo para apresentação de sua defesa** (art. 2º, § 8º, da Lei 6.830/1980).

315. Caso o contribuinte **não possua débitos tributários lançados ou inscritos em dívida ativa** fará jus a obtenção de uma **certidão negativa de débitos**, sendo expedido dentro de **10 dias da data da entrada do requerimento na repartição**.

316. Se o contribuinte possui **débitos tributários** obterá a **certidão positiva de débitos**. Entretanto, caso esses **débitos tenham a exigibilidade suspensa**, o contribuinte fará jus a obtenção de **certidão positiva com efeitos de negativa**.

XIX – EXECUÇÃO FISCAL

317. Execução Fiscal é a **medida judicial competente** para que a Fazenda Pública possa **cobrar os seus créditos**, sejam **tributários ou não**. Para tanto, se utiliza do título executivo extrajudicial (CDA) para o seu embasamento. Rege-se pela Lei 6.830/1980.

318. A execução fiscal **poderá ser promovida contra o devedor**, o **fiador**, o **espólio**, a **massa falida**, o **responsável tributário** e aos **sucessores a qualquer título**, sendo que a competência para julgar e processar a medida judicial **exclui a competência de qualquer outro juízo**.

319. Conforme dispõe a **Súmula 558 do STJ**, em **ações de execução fiscal**, a petição inicial **não pode ser indeferida** sob o argumento de **falta de indicação do CPF ou RG ou CNPJ da parte executada**.

320. Ainda, reza a **Súmula 559 do STJ**: em **ações de execução fiscal**, é **desnecessária a instrução da petição inicial com o demonstrativo de cálculo do débito**, por tratar-se de requisito não previsto no art. 6º da Lei 6.830/1980.

321. O despacho do juiz que **deferir a inicial** importa **ordem para citação**, **penhora**, no caso de **não ser paga a dívida nem garantida a execução fiscal** (através de depósito, fiança ou seguro-garantia), **arresto**, **registro da penhora** ou do **arresto e a avaliação dos bens penhorados ou arrestados**.

322. O **executado será citado** para, no **prazo de 5 dias, pague a dívida com os juros de mora e encargos indicados na CDA**, sendo que tal despacho é **causa de interrupção da prescrição**.

350 DICAS DE DIREITO TRIBUTÁRIO

323. Para que o executado possa apresentar sua **defesa**, obrigatoriamente deverá apresentar **garantia ao juízo da execução fiscal**, através de **depósito em dinheiro, fiança bancária** ou **seguro-garantia, nomeação de bens à penhora** ou **indicação de bens oferecidos por terceiros,** desde que **aceitos pela Fazenda Pública.**

324. A **penhora** ou **arresto de bens poderá recair sobre dinheiro, títulos da dívida pública, pedras e metais preciosos, imóveis, navios e aeronaves, veículos, móveis ou semoventes** e **direitos e ações.**

325. De forma **excepcional**, a penhora poderá recair sobre **estabelecimento comercial, industrial** ou **agrícola**, bem como sobre **plantações ou edifícios em construção.**

326. O executado poderá oferecer **embargos à execução fiscal** dentro do **prazo de 30 dias** contados do **depósito**, da **juntada da prova da fiança bancária** ou do **seguro-garantia** ou da **intimação da penhora.** Importante ressaltar que **não são admitidos os embargos antes da garantia da execução.**

327. No **prazo dos embargos**, o executado deverá alegar **toda matéria útil a defesa,** requerer **provas** e juntar aos autos **documentos e rol de testemunhas,** não sendo admitida nem **compensação, reconvenção** ou **exceções,** salvo as de **suspeição, incompetência** e **impedimentos.**

328. Recebidos os embargos, o juiz mandará **intimar a Fazenda** para **impugná-los no prazo de 30 dias,** designando, em seguida, audiência de instrução e julgamento. **Não se realizará audiência quando os embargos versarem sobre matéria de direito** ou ainda, mesmo que de fato, **se houver prova exclusivamente documental**, caso este em que o **juiz proferirá a sentença no prazo de 30 dias.**

329. Se o executado tiver como comprovar a **existência de matéria de ordem pública** ou **nulidade do processo executivo**, desde que **não importe em dilação probatória futura**, poderá arguir **exceção de pré-executividade**, visando **anular o processo executivo sem a necessidade de oferecimento de garantia**, nos termos da **Súmula 393 do STJ.**

330. Na execução fiscal, **qualquer intimação ao representante judicial da Fazenda Pública será realizada pessoalmente,** podendo ser feita **mediante vista dos autos,** com a imediata remessa ao representante judicial pelo cartório ou secretaria.

331. Conforme estabelece a **Súmula 521 do STJ**: a **legitimidade para a execução fiscal de multa pendente de pagamento** imposta em **sentença condenatória** é **exclusiva da Procuradoria da Fazenda Pública.**

332. Se, **antes da decisão de primeira instância**, a inscrição em dívida ativa for **cancelada a qualquer título**, a **execução fiscal será extinta**, sem qualquer ônus para as partes.

333. O **juiz**, a requerimento das partes, **poderá**, por conveniência da unidade da garantia da execução, **ordenar a reunião de processos contra o mesmo devedor.**

334. Corrobora com a determinação legal o disposto na **Súmula 515 do STJ**: a reunião de execuções fiscais contra o mesmo devedor **constitui faculdade do juiz.**

335. O juiz **suspenderá o curso da execução fiscal** enquanto **não for localizado o devedor** ou **encontrados bens sobre os quais possa recair a penhora, não correndo o prazo prescricional**.

336. Decorrido o prazo máximo de **um ano sem que seja localizado o devedor** ou **encontrados bens penhoráveis**, o juiz **ordenará o arquivamento dos autos**. Se forem encontrados bens a qualquer tempo, os autos serão desarquivados para o prosseguimento da execução fiscal.

337. Se da decisão que ordenar o **arquivamento tiver decorrido o prazo prescricional**, o juiz, depois de ouvida a Fazenda Pública, **poderá de ofício reconhecer a prescrição intercorrente** e decretá-la de imediato. Cumpre ressaltar que a prescrição intercorrente é a **prescrição do processo executivo**, sendo uma **prescrição processual** e não material, por isso, **podendo ser tratada por lei ordinária**.

338. Conforme estabelece a **Súmula 314 do STJ**, em **execução fiscal**, não localizados os bens penhoráveis, **suspende-se o processo por um ano**, findo o qual se **inicia o prazo da prescrição quinquenal intercorrente**.

XX – SÚMULAS VINCULANTES EM MATÉRIA TRIBUTÁRIA

339. **SÚMULA VINCULANTE 8** – São inconstitucionais o parágrafo único do artigo 5º do Decreto-Lei n. 1.569/1977 e os artigos 45 e 46 da Lei n. 8.212/1991, que tratam de prescrição e decadência de crédito tributário.

340. **SÚMULA VINCULANTE 12** – A cobrança de taxa de matrícula nas universidades públicas viola o disposto no art. 206, IV, da Constituição Federal.

341. **SÚMULA VINCULANTE 19** – A taxa cobrada exclusivamente em razão dos serviços públicos de coleta, remoção e tratamento ou destinação de lixo ou resíduos provenientes de imóveis, não viola o artigo 145, II, da Constituição Federal.

342. **SÚMULA VINCULANTE 21** – É inconstitucional a exigência de depósito ou arrolamento prévios de dinheiro ou bens para admissibilidade de recurso administrativo.

343. **SÚMULA VINCULANTE 24** – Não se tipifica crime material contra a ordem tributária, previsto no art. 1º, incisos I a IV, da Lei n. 8.137/90, antes do lançamento definitivo do tributo.

344. **SÚMULA VINCULANTE 28** – É inconstitucional a exigência de depósito prévio como requisito de admissibilidade de ação judicial na qual se pretenda discutir a exigibilidade de crédito tributário.

345. **SÚMULA VINCULANTE 31**– É inconstitucional a incidência do Imposto sobre Serviços de Qualquer Natureza – ISS sobre operações de locação de bens móveis.

346. **SÚMULA VINCULANTE 32** – O ICMS não incide sobre alienação de salvados de sinistro pelas seguradoras.

347. **SÚMULA VINCULANTE 41** – O serviço de iluminação pública não pode ser remunerado mediante taxa.

348. **SÚMULA VINCULANTE 48** – Na entrada de mercadoria importada do exterior, é legítima a cobrança do ICMS por ocasião do desembaraço aduaneiro.

349. **SÚMULA VINCULANTE 50** – Norma legal que altera o prazo de recolhimento de obrigação tributária não se sujeita ao princípio da anterioridade.

350. **SÚMULA VINCULANTE 52** – Ainda quando alugado a terceiros, permanece imune ao IPTU o imóvel pertencente a qualquer das entidades referidas pelo art. 150, VI, "c", da Constituição Federal, desde que o valor dos aluguéis seja aplicado nas atividades para as quais tais entidades foram constituídas.

351. **SÚMULA VINCULANTE 57** – A imunidade tributária constante do art. 150, VI, *d*, da CF/88 aplica-se à importação e comercialização, no mercado interno, do livro eletrônico (*e-book*) e dos suportes exclusivamente utilizados para fixá-los, como leitores de livros eletrônicos (*e-readers*), ainda que possuam funcionalidades acessórias.

352. **SÚMULA VINCULANTE 58** – Inexiste direito a crédito presumido de IPI relativamente à entrada de insumos isentos, sujeitos à alíquota zero ou não tributáveis, o que não contraria o princípio da não cumulatividade.

Anotações Gerais